DERİN YAYINLARI : 12

TÜRKİYE - AVRUPA İLİŞKİLERİNDE "SESSİZ DARBE"

Erol MANİSALI

altıncı basım

DERİN YAYINLARI
İSTANBUL 2003

DERİN YAYINEVİ

Molla Fenari Sokak Der Han 40-42
34410 Cağaloğlu - İSTANBUL
Tel: (0212) 527 01 65 - 511 51 90
Belgegeçer: (0212) 511 47 76
www.deryayinevi.com
e-posta: info@derkitabevi.com

•

Derin Yayınları Der Yayınevi'nin tescilli bir markasıdır.

•

Yayın No: 12

•

Birinci Basım : Temmuz - 2002
İkinci Basım : Temmuz - 2002
Üçüncü Basım : Ağustos - 2002
Dördüncü Basım : Ağustos - 2002
Beşinci Basım : Ekim - 2002
Altıncı Basım : Ocak - 2003

•

Önsöz Basım-Yayıncılık
Topkapı-istanbul

•

e-posta: erolmanisa@yahoo.com

•

Kapak: Yurdagül Tunca

•

ISBN 975-353-280-6

SUNUŞ

Türkiye - Avrupa Birliği ilişkileri Türkiye'nin dış ilişkilerinde olduğu kadar iç dengelerinde de etkili olmuştur. Özellikle Soğuk Savaş sonrasında iktisadi ve siyasi alanlarda önemli sonuçlar doğurmuştur.

Türkiye - Avrupa Birliği ilişkileri, diğer ülkelerin AB ile ilişkilerinden "farklı" bir seyir izlemiştir. Türkiye'nin "farklı bir ilişki düzeni" kurmuş olmasının iki temel sebebi bulunmaktadır;

- Birincisi, Türkiye'de toplumsal demokrasinin çalışmaması sonucu "AB ile ilişkilerdeki kararlar, Türkiye'nin ulusal çıkarları doğrultusunda olmamıştır". İktisadi, siyasi ve sosyal alanlarda bu kararların olumsuz sonuçları görüldü ve halen de görülmektedir.

- İkincisi ise Avrupa'nın (AB'nin) Türkiye konusundaki politikasıdır. 1963'ten 1980'lerin başına kadar Avrupa (AET) kesin karar vermemişti. Soğuk Savaş koşullarının yapay zorlamaları yanında AET'nin geleceği konusunda da tam bir açıklık bulunmuyordu.

1980'li yılların ortalarına gelindiğinde artık Soğuk Savaşın sona ereceği anlaşılmıştı. 1985'te ABD ile Sovyetler birliği arasında silâhsızlanma konusunda yapılan anlaşma durumu netleştiriyordu.

Bu nedenle Yeni Avrupa, Avrupa Birleşik Devletleri'ni kurmak konusunda artık önünü daha net görmeye başlamıştır. Geleceğin Avrupa Birleşik Devletlerinde, Türkiye olmayacağı için Ankara'nın 1987'deki "istenmeyen tam üyelik başvurusu", 1989'da "hayır" yanıtı ile noktalanıyordu.

1989'dan itibaren de Türkiye'nin AB himayesi altına sokulma süreci içerideki ve dışarıdaki bazı güç odakları tarafından başlatılıyordu.

Bu kitapta, Türkiye - Avrupa ilişkilerinin dün ve bugünü içinde bulunduğu gelişmeler ortaya konduktan sonra Sessiz Darbe olarak tanımladığım, "Türkiye'nin AB himayesi altına sokulması süreci" tahlil edilmektedir.

Türkiye - Avrupa Birliği ilişkilerine okurlar için yeni bir boyut getirdiğimi umuyorum.

Erol MANİSALI

İÇİNDEKİLER

BİRİNCİ BÖLÜM

Soğuk Savaş Sonrasında "Sessiz Darbe" Mi? 1
Soğuk Savaş Sonrası "Türkiye'nin Yönü" 3
Avrupa İçine Almıyorsa 4
Olmaması Gereken Olaylar Dizisi 6
Taraflar Nasıl Ayrıldı? 8

İKİNCİ BÖLÜM

Tarih, Coğrafya Ve Avrupa'nın Türkiye'den Görünümü 11
Bağımsızlık ve Cumhuriyet'te Avrupa 12

ÜÇÜNCÜ BÖLÜM

Avrupa'nın Gözündeki Türkiye 17
Tarih İçinde, "Dışarıdaki" Türkler 17
İkinci Dünya Savaşı Sonrası Türkiye - Avrupa İlişkilerinde Avrupa'nın Bakışı 20
1960'lar ve 1970'lerde Avrupa - Türkiye İlişkileri 22
Soğuk Savaş Sonrasında Avrupa'nın Türkiye'ye Bakışı 25
Avrupa İnsanı Türkiye'yi Nasıl Görüyor? 30
Türkiye AB İçin Önemli, Ancak 31
AB Neden Türkiye'yi İçine Alamaz? 37

DÖRDÜNCÜ BÖLÜM

Avrupa Nereye Gidiyor? 41
Soğuk Savaştan Sonra Batı Avrupa 41
İyimser Yaklaşıma Göre Yarının Avrupa'sı 43
Kötümser Görüş 45
Dünden Bugüne Avrupa Birliği'nin Gelişimi 47
Bakanlar Konseyi Nedir? 49
Avrupa Birliği Komisyonu 50
Avrupa Parlamentosu 51
AB Adalet Divanı 54
Avrupa Birliği'nin Diğer Kurumları 55
Avrupa Birliği'nin Dış Dünya İle İlişki Düzeni 62
Yarının Avrupası 67
11 Eylül ve Sonrası 72

BEŞİNCİ BÖLÜM

Türkiye - Avrupa Birliği İlişkileri Nasıl Gelişti 73
Ve Ankara Antlaşması İmzalanıyor 74
Türkiye'nin Yerine Getirdiği Yükümlülükler 90
Gümrük Birliği Belgesi Neden Tek Yanlı İdi? 92
Neler Yapılması Gerekiyordu? Neler Yapılmalı? 100

ALTINCI BÖLÜM

Gümrük Birliği Nasıl Bir Anlaşmadır? 103
Anlaşmada Türkiye'yi Siyasi Olarak, Tek Yanlı Bağlayan Unsurlar Nelerdir? 105
Gümrük Birliği Mevzuatına Uyma Zorunluluğu 107
Madde Bazında Bazı Değerlendirmeler 111

YEDİNCİ BÖLÜM

Türkiye - AB İlişkilerinde Sessiz Darbe 119
Soğuk Savaş Bitti, Türkiye Batı'ya Bağlanmalı 121
Katma Protokol ve Üç Ayağı Kırılan Masa 123
Gizlenme ve Pis Kokular 124
AB'nin Yeni Türkiye Politikası (1991-1992) ve Ankara ile Brüksel Arasındaki İlginç Oyun 126
1994 ve 1995'teki Dramatik Olaylar Zinciri; Kamuoyu Niçin Aldatıldı? 128
1997 Lüksemburg Doruğu; İlginç Tepkiler ve Korku! 131
1999, Sessiz Darbe'nin Devamı İçin Avrupa Devreye Giriyor 132
Öcalan Olayı ve İsmail Cem'in Sürprizi! 133
Gelen Göstermelik ve Koşullu Adaylık 135
Kimler Ecevit'e, Baskı Yaptı? 136
2000'de Nice Doruğu, Türkiye'nin Dışlanması ve KOB Kepazeliği 137
Ulusal Program Ne Kadar Ulusal? 139
Tek Yanlı Bağlanmanın Dramatik Sonuçları 141
Ulusal Cephe Uyanıyor Mu? 152
Soğuk Savaş Sonrasında "Türkiye'nin Yeni Yeri"; ya da; Türkiye Türklere Bırakılmayacak Kadar Önemlidir 144
Diğer Suçlular Kimler? 146
"Sessiz Darbe"cileri Ürküten Yeni Gelişmeler 148

SEKİZİNCİ BÖLÜM

Harp Akademileri'ndeki Toplantı Ve Sonuçları 153
Avrupa Birliği'nin Türkiye'nin Bulunduğu Coğrafyaya Etkileri 154
Orgeneral Tuncer Kılınç'ın Soru ve Yorumu 163
Kralın Çıplak Olduğunu Görmek 167
Kılınç Paşa ne diyor? 168
Medyadaki Değerlendirmeler ve Çarpıtmalar 169

Toplantı Tartışmalı İdi 171
Medyadaki Farklılaşmalâr 172
Ama Halk Anlamıştır 173

DOKUZUNCU BÖLÜM

Türkiye - Avrupa Birliği İlişkilerindeki "Tek Yanlılığa" Tepkiler 175
AB'nin Yanlı Dayatmalarına Tepkiler 177

ONUNCU BÖLÜM

İşçi Sendikalarının AB'ye Bakışı Ve Türk İşin Yeni Politikası 179
Türk İş'in Olumlu Tutumu 180
Türk İş'in Kamuoyuna Sunduğu Rapor 181
(1) Kıbrıs 183
(2) Ermeni Soykırımı İddiaları 186
(3) Azınlıklar Sorunu - Bölücülük 186
(4) Ege Sorunu 193
(5) Patrikhane 194
(6) Heybeliada Ruhban Okulu'nun Yeniden Faaliyete Geçirilmesi 195
Sonuç 197

ON BİRİNCİ BÖLÜM

1992-2002 Dönemi Kıbrıs ve Türkiye - AB İlişkileri 199

ON İKİNCİ BÖLÜM

Yunanistan'ın Yeni Türkiye Politikası ve AB İle İlişkiler 205
Psikolojik Savaş ve Yapay Dostluk; Kıbrıs ve Ege Ödünlerinin Altyapısının Hazırlanması 207
Türk Kamuoyu Neden Aldatılıyor? 209
Önerilen Kaynaklar 212

BİRİNCİ BÖLÜM

SOĞUK SAVAŞ SONRASINDA "SESSİZ DARBE" Mİ?

Uzun yıllardan beri Türkiye - Avrupa ilişkileri üzerinde çalışmalar yapan bir akademisyen olarak, "soğuk savaş sonrasında, tespit ettiğim ancak gerekçelerini anlamakta zorlandığım" bazı anlamsız olayların nedenlerini, ancak parçaları bir araya getirince görebildiğimi itiraf etmeliyim.

Türkiye'nin ulusal çıkarları ile taban tabana zıt bulunan bazı kararlar neden alınıyordu? Türkiye'nin çıkarları ile siyasi, iktisadi ve hukuki boyutlarda çelişkili olan bu kararların çelişkilerini, Türkiye üzerinde yaratacağı olumsuz etkileri "daha baştan anlamak, görmek mümkün iken" neden bazı çevreler bu anlamsız kararda ısrar ediyorlardı? Alınmakta olan kararların anlamsızlığını görüyor, ancak neden ısrar edildiğini anlamakta zorlanıyordum.

1989 yılında Avrupa (Avrupa Toplulukları) Türkiye'nin 1987'de yaptığı tam üyelik başvurusunu reddedince ertesi gün, hiç vakit geçirmeden Başbakan Turgut Özal neden "Avrupa (AT) içine alınmasak da Gümrük Birliği'ne gireceğiz" açıklamasını kamuoyuna yapıyordu. Konuyu biraz bilen biri bunun siyasi, iktisadi ve hukuki anlamsızlığını kolayca görebilirdi. Turgut Özal'ın görmemesine imkân yoktu. O halde bu anlamsız tutumun arkasındaki "esas sebepler" nelerdi?

Neden Türkiye AT'ye (AB'ye) tek taraflı bağlanmak isteniyordu? Önce tam üye olunması gerektiği, ondan sonra da Gümrük Birliği dahil AT (AB) içindeki bütün diğer sistemlere tam üye olunduktan sonra bağlanılacağını Turgut Özal'ın bilmemesine imkân olamazdı.

- Üstelik konu hükümet içinde de konuşulmamıştı. Turgut Özal'ın açıklamasını, ekonomiden sorumlu bakanı Ekrem Pakdemirli de gazetelerden öğreniyordu. Açıklamanın gazetelerde yer aldığının ertesi günü İstanbul Sanayi Odası'nın kokteyli vardı. Turgut Özal'a açıklamasının gerekçesini sordum; "bir şey olmaz, işler yürür" gibisinden yuvarlak birkaç söz söyledi. İleride duran Ekrem Pakdemirli'ye sordum, o da "benim haberim yok" diyordu. Bu konuyu, 2001 yılında Kanal D'deki Avrupa tartışmasında Pakdemirli'ye teyit ettirdim.

Evet bu çok önemli konu, Türkiye'yi AB'ye (AT'ye) tek taraflı bağlayacak olan, Lozan'ı, Anayasa'yı delecek olan hadiseden Özal'dan başka kimsenin haberi yoktu.

Veya "bazılarının" haberi vardı ve biz bunu bilmiyorduk. Acaba, "Özal'a çok yakın, dış ilişkilerde ve stratejik kararlarda oturup baş başa konuştuğu" bazı işadamları ile mi bunu kararlaştırmışlardı? Karine yolu ile şunu rahatlıkla söyleyebiliriz; hatırlayalım, o yıllarda Turgut Özal çok önemli stratejik kararlarda bazı işadamları ile doğrudan işbirliği yapmakta idi.

Bu tür faaliyetler, medyada da bilinmekte, hatta resimleri ile yer almaktaydı.

Soğuk Savaş Sonrası "Türkiye'nin Yönü"...

1989, Soğuk Savaş bitmişti, AT (Avrupa), Türkiye'yi içine almıyordu. Türkiye'nin Batı'dan (ve Avrupa'dan) uzaklaşma riski vardı. Bu risk "bazı iş çevreleri ve Batı'daki bazı güç odakları için" büyük önem gösteriyordu. Türk halkı için olmasa bile bu dar çevre en başta şu nedenlerle bu tehlikeyi önlemek istemekle kendileri için haklı olabilirlerdi;

- Birincisi, Türkiye öylesine stratejik bir konumda bulunuyordu ki, "ulusal inisiyatif almasına izin verilemezdi", Batı'nın denetiminde olmalı idi. Bu gerçeği 12 yıl sonra bazı "Türk gazeteciler" şöyle ortaya koyuyordu; "Türkiye, yönetimi Türklere bırakılmayacak kadar önemlidir". Açık açık köşelerinde yazmışlardı.

- İkincisi, "içerdeki bazı güç odakları ve dışarıdaki ortaklarının" Türkiye'nin örtülü hükümeti olarak ülkeyi yönlendirmeleri ve yönetmeleri, ülkenin "Batı'nın himayesi altında tutulmasına" bağlı idi. Kendi örtülü iktidarlarını ancak, ülkeyi Avrupa himayesi altına sokarak sürdürebilirdi. Ulusalcı hareketler engellenmeli idi.

Soğuk Savaş sonrasında, çok ilginç bir biçimde Türkiye'deki bazı büyük sermaye çevreleri, Osmanlı'nın son dönemindeki "Gayri Müslim" nüfusun yaptığı işi üsleniyordu.

Ekonomide, kültürde, savunmada "ulusal olan her şeye karşı idiler".Halbuki bu çevrelerin özendikleri Batı, Soğuk Savaş sonrasında "daha ulusal politikalar" izlemeye başlıyordu. Batı, kendi dışındaki dünyaya "küreselleşin derken kendisi dışarıya karşı iktisadi, siyasi ve kültürel çıkarlarını daha da katı bir biçimde koruyordu". 1990-2002 arasında Avrupa'da yapılan seçimlerde bu açık olarak görüldü. ABD'de ise Clinton döneminin yerine zorla "Bush anlayışı" egemen oldu.

Avrupa İçine Almıyorsa...

Türkiye içindeki bu güç odakları Soğuk Savaş sonrası Türkiye'nin, "Avrupa'nın içine alınmayacak olan Türkiye'nin, Avrupa'ya (ve Batı'ya) tek taraflı bağlanmasını tercih etmişlerdi".

- Muhtemelen bu nedenle, 1989'da AB(AT) tarafından tam üyeliği reddedilen Türkiye'nin, Gümrük Birliği kanalı ile AB'ye tek yanlı bağlanması isteniyordu.

-1992, 1993'te özel televizyonlar, kanunlara, anayasaya aykırı olarak büyük sermayeye açılıyordu. Artık büyük sermayenin eline, hukuk dışı da olsa yeni bir güç veriliyordu. "Dördüncü Kuvvet" yerine para gücünün ülkeyi yönetmesi öne çıkıyordu. Üstelik bu güç, Türkiye'nin Batı'ya tek yanlı bağlanmasında en önemli bir silâh olacaktı. Nitekim 1995'te Gümrük Birliği imzalanırken halk bu şekilde kandırılmıştı.

- Bu nedenle 1995'te, Türkiye'yi içine almayacak AB ile, Norveç modeli yerine (serbest ticaret anlaşması) "tek yanlı bağlılık modeli" halk kandırılarak, gizli ve tartışmasız bir biçimde imzalanıyordu.

- Avrupa (AB) himayesi altına alınacak olan Türkiye'nin, "Yunanistan'ın öncelikli taleplerini" yerine getirmesi gerekiyordu. İşte bu nedenle, "önce bazı Türk işadamları, Yunanlı işadamları politikacılarla masaya oturuyorlardı". Birçok iş,

- devletin
- bürokrasinin

haberi olmadan yürütülüyordu. Soğuk Savaş sonrası Türkiye'yi tek yanlı bağlama sürecinin ağları örülüyordu.

Türk-Yunan işadamları kuruluşları adeta, Ankara'nın gıyabında politika belirtiyorlardı. Bıçak Sırtı köşemde ve Avrupa Çıkmazı kitabımda da yazdım; İnal Batu müsteşar yardımcısı iken kaç defa telefon edip, "bizim bazı işadamlarının Yunanlılarla bazı ortak girişimlerini, Ankara'nın haberi olmadan yürüttüklerini" bana yakınarak söylerdi. "Ankara'yı Atina karşısında zor durumlara düşürüyorlar" diyebiliyordu.

Devlet ve hükümet politikasını bazı iş çevreleri yürütür hale gelmişti. Bu aslında yeni bir şey değildi. Ancak Soğuk Savaş bittikten sonra yavaş yavaş kurumsallaştırıldı ve medya da tamamen ellerine geçtiği için etkileri arttı.

Öte yandan Vakıf Üniversiteleri de büyük sermayenin "devlet yönetimini paylaşmalarının bir vasıtası" haline getirildi. Bunun en somut örneğini devlet bakanı Kemal Derviş'in bir vakıf üniversitesinin Floransa'da ve İstanbul'da 2001 yılında düzenlediği iki konferansta, "Türkiye AB dışında olsa da Avrupa Birliği'nin para sistemine girmelidir" diyebiliyordu. Bir bakan dışarıdaki Türkiye'nin, "Brüksel tarafından yönetilmesini ve parasal alanda da tek yanlı bağlanmasını" öneriyordu. Aynen 1989'da Turgut Özal'ın, 12 yıl önce, "AT (AB) dışında olsak da Gümrük Birliğine gireceğiz" demesi gibi. Bu aslında, adı konmamış bir darbe idi, sessiz sedasız yürütülen bir darbe: **Sessiz Darbe!**

Sessiz Darbe'nin en büyük operasyonu 6 Mart 1995 Gümrük Birliği belgesi ile sağlanıyordu. Bu belge ile Türkiye'nin AB'ye tek yanlı bağımlılığı "kurumsallaştırılmış" oluyordu. Türkiye, içinde bulunmadığı AB'ye bazı hükümranlık haklarını devrediyordu. Hem de büyük bir gizlilik içinde. AB ile dışarıda bulunur iken bu tür bir anlaşma yapan başka ülke yoktu.

Sessiz Darbe'nin son operasyonları 1999 ve 2000'de yaşandı. Türkiye'nin 1999 Aralık ayındaki göstermelik adaylığı sırasında Başbakan Ecevit ısrarla, "adaylık Helsinki'den koşullu çıkarsa hayır diyeceğim" açıklamasını yapıyordu. Kastedilen koşullar Kıbrıs ve Ege idi. Adaylık koşullu çıktı ancak Ecevit üzerinde sessiz darbeciler öyle büyük bir baskı yarattılar ki Ecevit'in gücü, Türkiye'nin tek yanlı bağlanma sürecinin devam etmesini engelleyemedi. Ecevit de itiraf ediyordu; "İçime sindiremedim" diyordu. Ancak onun da sindirmesini sağlamışlardı.

1994'teki Sir Leon Brittan'ın Türkiye raporu içinde Türkiye'nin "tek yanlı bağlanma" süreci Brüksel tarafından da itiraf ediliyordu: Kasım 1995'te Komisyonun Avrupa Parlamentosu'na gönderdiği Türkiye Raporu'nda şu ifade yer alıyordu; "Gümrük Birliği belgesi (anlaşması) Parlamento'dan geçmeli; aksi halde AB Kıbrıs politikasında amacına ulaşamaz".

Türkiye tek yanlı bağlanarak Kıbrıs, Ege, Güneydoğu, Ermeni meselesi, Avrupa Ordusu (AGSP) konusu da Brüksel, "himayesi altındaki" Türkiye'den istediklerini daha kolay alabilecekti. Salamın ilk dilimi Kıbrıs idi. Ege fırına sürülmüş, diğerleri henüz fırının ağzında bekletiliyordu. 2002 yılının ikinci yarısında manzara bu idi.

Olmaması Gereken Olaylar Dizisi

Ardarda dizilen ve Türkiye'nin ulusal çıkarları ile bağdaşmayan olaylar dizisi "bazı çevrelerin" Soğuk Savaş bitiminde Türkiye'yi AB'ye (ve Batı'ya) tek yanlı bağlama politikalarının uygulamalarıdır.

Bu uygulamalar Türkiye içinde "bir dönüşümü" gerektiriyordu. Ancak bu dönüşüm bir ulusal inisiyatifin sonucu değildi. Bu dar çevrenin, Türkiye'yi tek yanlı bağlama amacının bir vasıtası olarak ortaya çıkmıştı. Önde gösterilen olumlu bazı pratik gelişmelerin arkasına, sinsi bir biçimde tek yanlı bağlanma ağları yerleştiriliyordu.

Nihai hedef Türkiye'nin Avrupa (AB) himayesi altına alınması idi. Bu arada "vasıtanın içinde yararlı dönüşüm unsurlarının da bulunması doğaldı". Ancak, uzun vadede tek yanlı bağlanmış ve AB'nin örtülü bir sömürgesi haline gelmiş bir ülkede bu olumlu ara özelliklerin toplumsal boyutta bir olumlu katkısı olamazdı. Aynen sömürge toplumlarında olduğu gibi, bundan sadece dar bir kesim, "elit" yararlanabilirdi.

Aynen Osmanlı'nın son döneminde olduğu gibi. Dar bir büyük sermaye gurubu sanki bunu hissetmiş gibi, Osmanlı'nın son döneminde İstanbul'daki gayrimüslim iş çevrelerinin gördüğü rolü üstlenmişlerdi.

- Yabancı iş çevrelerine çok bağlıydılar: Ankara onlar için ikinci planda kalıyordu.

- Anadolu'ya iş hayatı olarak da uzaktılar: çıkar çatışması içine bile girmişlerdi. Anadolu sermayesi ile çatışma ortamını hazırlamışlardı.

- Misyonerlere destek veriyorlardı. Fener Patrikhanesi'ne de çok yakındılar.

- Batı içinde bile eleştiri alan vahşi kapitalizmin güç odakları ile yakın diyalog içinde bulunuyorlardı. Şöyle de tanımlanabilir; Batı'daki belirli güç odaklarının Türkiye'deki uzantısı durumunda idiler.

- Soğuk Savaşın bitiminde Türkiye'nin AB'ye (ve Batı'ya) tek yanlı bağlanmasını öngören güç odakları, 2000'li yılların başına gelindiğinde oldukça yol almışlardı. Ancak bu tek yanlı bağlanmaya karşı Türkiye içerde ulusalcı güçler de tepki vermeye başladılar. Aydınlar, işçi sendikaları, ulusal sanayiciler ve TSK Türkiye'nin tek yanlı bağlanması sonucu ekonominin ve siyasetin dizginlerinin yavaş yavaş "gayri milli" güçlerin eline geçmekte olduğunu farkettiler. 2000 yılından itibaren tepkiler genişlemeye başladı.

Taraflar Nasıl Ayrıldı?

Artık taraflar sağ-sol diye değil, ulusal ve "gayri milli" olarak tanımlanmaya başladı. İş kesimi de ulusal ekonomiden yana olanlar ve çok uluslu şirketlere bağımlı olanlar diye ayrılmaya başladı.

İşçi sendikaları içinde Türk-İş 2001 yılı sonunda yaptığı büyük atılımla Türk işçisinin gerçek kimliğini ortaya koydu ve finans-kapitalin yanında yer alan diğer sendika liderlerine karşı ulusalcı cephede bulundu. "Avrupa Birliği Türkiye'den Ne İstiyor" başlığı ile hazırladığı raporla kamuoyunun desteğini aldı. TSK Türkiye'nin AB'ye tek yanlı bağlanmakta oluşundan büyük rahatsızlık duyuyordu. 2000'deki Nice doruğunda, AB'nin Kıbrıs, Ege, Güneydoğu ve diğer tek yanlı taleplerinde yaptığı çıkışlarla Türkiye'nin tek yanlı bağlanmasına karşı koyacağını ortaya koydu.

Bu nedenle de bazı büyük sermaye çevrelerinin oklarına hedef oldu. Sessiz Darbe'yi yürütmekte olan sermaye çevreleri artık, askeri karşılarındaki en büyük engel olarak görüyorlardı. Kendilerine yakın siyasiler ile işbirliği yaparak 2000 yılından itibaren TSK'ya karşı sistemli bir kampanya başlattılar. Amaç, TSK'nın, "Türkiye'nin AB'ye tek taraflı bağlanma sürecini engelleyemeyecek bir statüye geriletilmesi idi.

- Medya ellerinde idi ,

- Elit'in bir kısmını yanlarına çekmişlerdi ,

- Brüksel zaten arkalarında bulunuyordu ,

- İçerdeki "bazı siyasiler" de AB lobiciliğini bir iç politika malzemesi olarak kullanıyorlardı ,

- Aşırı dinci ve bölücü çevrelerden de tam destek alıyorlardı.

2002 yılının ikinci yarısında Türkiye'de medyanın, kamuoyunun kafasını özellikle karıştırmasına rağmen taraflar belli olmaya başlamıştı.

- Bir tarafta Türkiye'yi AB'ye (ve Batı'ya) tek taraflı bağlama sürecini yürüten Sessiz Darbeciler bulunuyordu ,

- Diğer tarafta ise yavaş yavaş uyanmaya başlayan ve ulusalcı cephe olarak tanımlanan gerçek Türkiye bulunmaktadır.

Türkiye'de artık sorunlar sağ-sol çatışması ya da laik-anti laik çatışması değildir ve olmamalıdır da. Türkiye üzerinde esas tehdit, Soğuk Savaş sonrasında Türkiye'yi AB'ye tek taraflı bağlamak isteyen iç ve dış odakların yaratmakta oldukları tehlikedir. Bunlar yanlarına ümmetçileri ve etnik ayrımcıları da almışlardır. Yalnız büyük sermayenin gayri milli kısmı değil, ümmetçiler ve etnik ayrımcılar da "Türkiye'nin AB'ye tek taraflı bağlamasını hararetle savunmaya başlamışlardır".

Çünkü Sevr çizgisine yaklaştırılmış bir Türkiye bunların amaçlarına fazlası ile hizmet etmektedir.

Bugün Türkiye-Avrupa Birliği ilişkileri üzerinde oynanmakta olan oyunu iyi görmemiz ve anlamamız gerekiyor. Türkiye yarının Avrupa Birleşik Devletleri'nde yer almayacak, AB bunu istemiyor. Ancak Türkiye "AB kapısı önünde, yıllardır yapıldığı gibi oyalanırken, tek yanlı bağlanma süreci kemikleştirilecek". Ve yarın hiçbir güç, tek yanlı bile olsa, bu yapılanmayı değiştiremeyecek.

İşte, Sessiz Darbe'cilerin varmak istedikleri hedef bu. 7 Mart 2002 tarihinde Harp Akademileri'ndeki seminerde de belirttiğim gibi, "bugünkü tek yanlı bağlanma süreci 15 yıl daha aynı tempoda devam ettirilir ise, yarın TSK bile bu tek yanlı bağımlılığı değiştiremeyecektir".

Ancak, özellikle 2000, yılından itibaren TSK başta olmak üzere birçok kesimde, Sessiz Darbecilere karşı hareketler hızlanmıştır. Toplumun her kesiminden ulusalcı çizgide tepkiler yoğunlaşmaktadır.

Türkiye, yakın çevresi ve bazı Asya ülkeleri ile ikili ilişkilerini hızla geliştirmeye başladı. ABD ve AB'nin Türkiye'ye uyguladığı örtülü silah ambargosu Çin ve Rusya ile dengelenmeye başlandı.

Türkiye AB'nin Türkiye üzerindeki, Soğuk Savaş sonrası yeni taleplerini, "yumurtaların yarısını, Batı sepetinden alarak Asya'ya dağıtması ile" engelleyebilir. Bu da Türkiye'nin AB'ye tek taraflı bağlanma sürecinin engellenmesi demektir. Yani Sessiz Darbe'nin ortadan kaldırılması demektir.

2000'den itibaren bazı büyük sermaye çevrelerinin, büyük telaş içinde ulusalcı çevrelere karşı kampanya başlatmasının, TSK'yı hedef almasının arkasındaki gerekçe budur.

2000'li yılların başlarında Türkiye, Sessiz Darbeciler ile Sessiz Darbeye karşı çıkanların karşı karşıya gelmekte olduğu bir noktaya sürüklenmektedir. Ancak ulusalcı cephe gerçek Türkiye'nin kendisidir ve halk gerçekleri daha iyi anladıkça gerçek Türkiye Sessiz Darbecilerin oyununu ortadan kaldıracaktır.

Bu kitapta, Türkiye - AB ve Türkiye - Avrupa ilişkilerinde yakın tarihimizde gelişmeler yanında, "soğuk savaşın bitimi ile kurumlaştırılmaya başlanan sessiz darbe işlemini" ortaya koymaya çalıştım. Bu konu bu boyutu ile Türkiye'de ilk defa ele alınmıştır.

Bazı teknik açıklamalarda, 1994'te yayınladığım Gümrük Birliği'nin Siyasal ve Ekonomik Bedeli kitabımdan alıntılar yapılmıştır.

İKİNCİ BÖLÜM

TARİH, COĞRAFYA VE AVRUPA'NIN TÜRKİYE'DEN GÖRÜNÜMÜ

Türkiye'nin bugün içinde bulunduğu coğrafya ve bin yıldır geçirdiği süre Türkiye - Avrupa ilişkilerini, artıları ve eksileri ile bugünkü noktaya getirmiştir.

Asya tarihi ve kültüründen yola çıkan Türkler Ortadoğu, Kafkasya, Anadolu ve Akdeniz kültürleri ile iç içe geçmişlerdir. Balkanlar ve Orta Avrupa'da 500 yılı aşan bir süre, o coğrafyalarda yaşayan topluluklarla temas etmişlerdir.

Osmanlı Devleti Asya, Avrupa ve Afrika'da 500 yıl varlığını sürdürmüştür. Böylesine geniş bir perspektiften bakıldığında bugün Türkiye - Avrupa ilişkileri, "Avrupa'nın içindeki ülkelerden çok farklı" bir özellik gösterir.

Macarlar ve Finliler de Asya kökenlidirler. Ancak onlar "Avrupa bölgesine" geldikten sonra "Avrupa kimliği" ile bütünleşmişlerdir. Hristiyanlığın ve Hristiyan kültürünün bir parçası olmuşlardır. Onlar, "bir sentez" yapma durumunda olmamışlardır.

Türkler ise iki bakımdan farklıdırlar;

- 700 yıl boyunca Osmanlı Devleti'nin yönetimini yürütmüşlerdir

- Asya kimlikleri ile bu bölgedeki kimlikler arasında "tarihsel bir sentezin" ortaya çıkmasına yol açmışlardır.

Bu açıdan Türkler'le Ruslar arasında benzerlikler vardır; Ruslar da Asya ağırlıklı olmakla birlikte Avrupalılar'la yoğun "alış-veriş" içinde olmuşlardır. Ancak Rusların Hristiyan (Ortodoks) olmaları "aidiyet meselesini", Türkler'den farklı bir duruma sokmuştur.

Bugün Türkiye Cumhuriyeti ne Avrupa kimliğinde, ne de tipik bir Asya kimliği içindedir. Kendine özgü bir sentez oluşturmuştur. Bu sentez, 1000 yıllık dönem içinde yavaş yavaş meydana gelmiştir.

Atatürk devrimleri bir bakıma, bu sentezin kurumlaştırılmasına yönelik bir uygulama olarak kabul edilebilir.

Bugünkü Türkiye Cumhuriyeti ne tipik bir Asyalı, ne de ortalama bir Avrupalı'dır. Türkiye Cumhuriyeti kendi bölgesinin, değerlerinin, kültürünün içinde "kendine özgü kimliği ve aidiyeti" olan bir ülkedir, bir devlettir. Bu kimliğin Kafkaslar'a, Orta Doğu'ya, Ege'ye ve Kıbrıs'a, Balkanlar'a uzanan halkaları mevcuttur. Kültür, dil, din ve diğer değerler olarak bu etki, mevcut siyasi sınırlarının çok ötesine uzanan bir özellik göstermektedir.

Bağımsızlık ve Cumhuriyet'te Avrupa

Osmanlı İmparatorluğu Mondros Mütarekesi ile savaş sonrasında paylaşılmaya başlandı. Avrupalı'lar Osmanlı Devleti'ni aralarında pazarlıklarla bölüşüyorlardı.

19. yy'ın ilk yarısındaki Avrupalılaşma, bu defa Avrupa'nın Osmanlı Devleti'ni işgali ile sonuçlandırılmak istendi.

Mustafa Kemal Atatürk'ün bu işgale karşı başlattığı Bağımsızlık Savaşı, Sovyetler Birliği ile işbirliği yapılarak Avrupa'ya karşı kazanılmıştır.

Dünyadaki "mazlum milletler" bakımından da, 20. yüzyılın başında, onlara umut veren bir hareket olmuştur.

Atatürk döneminde (1923-1938) Türkiye Cumhuriyeti, öncelikli olarak "bölge ülkeleri" ile ilişkilerini geliştirdi. Balkanlar, Ortadoğu ve Kafkaslarda bölgesel anlaşmalar ve paktlar oluşturularak, Avrupa karşısında denge sağlandı.

Atatürk'ün 1938'de ölümünden sonra Avrupa (ve Batı) ile yakınlaşma arttı: bölgesel ilişkiler zayıfladı.

İkinci Dünya Savaşı sonrasında dünya, Doğu ve Batı Blokları olarak bölündü ve Türkiye, Stalin'in talepleri üzerine Batı'ya kaymak zorunda kaldı.

1947'den itibaren başlayan Marshall yardımı ile Türkiye zaten ABD'nin etki alanına fiilen girdi. 1950'deki iktidar değişimi, "Türkiye küçük bir Amerika olacaktır" anlayışını da güçlendirmişti. Türkiye'nin NATO'ya katılması ile birlikte halka tamamlanmış oldu.

1950'li yıllar, Türkiye'nin Batı Avrupa'da kurulmakta olan siyasal ekonomik ve kültürel örgütler içinde yer almaya başlaması Türkiye ile B.Avrupa arasındaki ilişkileri güçlendirdi. Güçlü ülke Amerika, her şeye rağmen, siyasilerin "gönlündeki" önceliğini koruyordu.

Amerika Türkiye'nin iç işlerine "tamamen dahil olmuştu". Sanayileşme yerine ithalat öne çıktı. Türkiye kısa zamanda dış borca sürükleniyordu. Dış borç giderek "dış bağımlılığı" öne çıkardı.

1950'li yıllar, Türkiye'nin kendisini, ABD'nin inisiyatifini bıraktığı yıllardı. Demiryolu yerine karayolu, yerli üretim yerine ithalat, toprak reformu yerine toprak ağalarının egemen olduğu bir anlayış hakim olmuştu.

Batı Avrupa artık gelişiyordu. Artık Almanya ve Fransa'nın "ortak ekonomik çıkarlarının egemen olduğu" bir Avrupa düzeni gerekiyordu. Büyük Savaşı hiç kimse bir daha yaşamak istemiyordu.

Roma Antlaşması ile AET 1957'de kuruldu. Almanya, Fransa, İtalya, Hollanda, Belçika ve Lüksemburg olarak, "Altılar" geleceğin Avrupası'nın temellerini attılar.

AET sadece ekonomik ve ticari bir birleşme değildi. Uzun dönemde, her alanda bütünlemeler hazırlayan hükümler, Roma Antlaşmasının içinde bulunuyordu.

Türkiye'nin B. Avrupa ile ilişkilerinde, 1950'li yıllarda da Türk-Yunan ilişkileri damgasını vurmuştu. Atina'nın Grivas adlı bir Yunan subayını 1955'te gizlice Kıbrıs'a çıkararak EOKA yeraltı teşkilatını kurması adanın Yunanistan'a ilhakı için faaliyetlerine başlaması Ankara'da rahatsızlık yaratmıştı.

Zaten 1947'de, tam Marshall yardımı başlarken, 12 adanın İngilizler ve Amerika tarafından, Yunanistan'a adeta hediye edilmesi Ankara'da huzursuzluk yaratmıştı. Şimdi de EOKA kanalı ile Kıbrıs'ta İngilizler'e ve Türkler'e karşı eylem başlatılmıştı.

Avrupa Ekonomik Topluluğu ile ilk görüşmeleri Ankara ve Atina, hemen hemen aynı tarihlerde başlattılar. Ankara, Atina'nın AET'ye kendisinden önce katılmasını istemiyordu. İki ülke arasında rekabet vardı.

1950'li yıllarda Yunanistan'la başlayan sorunlar, Ankara'nın AET'ye katılmasında etkili oldu. Ankara, Batı ile ilişkilerinde Atina'nın gerisinde kalmak istemiyordu.

1963'te Türkiye, Ankara Antlaşması'nı imzaladı.

İki blok arasında Soğuk Savaş bütün şiddeti ile sürüyordu. Türkiye'deki füzeler, tamamen Amerika'nın denetiminde idi. Ve sınırdaki ülke Türkiye, Batı'nın bu bölgedeki jandarması konumuna gelmiş bulunuyordu.

Bir olay Türkiye'nin "Batı'ya güvenini" sarstı. ABD Başkanı Johnson, Türklerin Kıbrıs'ta katledilmeleri karşısında müdahale etmek isteyen Ankara'yı tehdit ederek, 1964'te durdurmuştu. Bu, Batı'ya karşı Türkiye'nin savaş sonrasında geçirdiği ilk şoktu. Batı'ya güven sarsılmıştı.

Bu arada Türkiye ile Sovyetler Birliği arasında önemli bazı yatırım projeleri için anlaşmalar yapıldı. İskenderun demir-çelik tesisleri ve Seydişehir alüminyum tesisleri Aliağa Rafinerisi bunların başında gelir. Bunlar, büyük ölçekli tesislerdi.

Buna rağmen Türkiye'nin iş işlerinde Batı egemen durumda idi. Bürokrasimizin içine girmişlerdi.

1960'lı yıllarda Türk işçileri de Avrupa'nın yolunu tutmaya başlamışlardı. Türkiye ile Avrupa arasında yeni bir köprü oluşuyordu.

Avrupa ekonomik olarak kendini toparladıkça Türkiye'nin Batı Avrupa'ya olan bakışı da değişmeye başladı. Almanya, İngiltere, Fransa, İtalya Türkiye'nin ekonomik ilişkilerini geliştirdiği ülkelerin başında geliyorlardı.

ABD'nin siyasal ve kültürel etkisi hakim bulunurken, "Avrupalılık" ya da Avrupalı gibi olmak halk arasında çekiciliği arttırdı.

Avrupa, artık hayal edilen bir yerdi. Batı Avrupa'nın ekonomik ve kültürel etkisi her alanda hissediliyordu.

Türk halkında yaratılmış olan hayal dünyasını Avrupa süslüyordu.

Türkiye, 1923 - 1938 dönemindeki sentezci politikasını çoktan unutmuş, Tanzimat dönemine benzer bir ortama girmişti.

Tek yanlı bağımlılık, ağlarını yavaş yavaş yeniden örüyordu.

Üçüncü Bölüm

AVRUPA'NIN GÖZÜNDEKİ TÜRKİYE

Tarih İçinde, "Dışarıdaki" Türkler

Türkler Avrupa için tarih boyunca Doğu'dan gelen bir tehdit olarak görüldüler. Avrupa'da Hristiyan'lığın yaygınlaşmasından sonra Asya'dan Avrupa'nın doğusuna ve içlerine gelenler, Hristiyanlığın etkisi ile, düşmanlığın ve farklılığın arttığını anladılar.

Osmanlı Devleti'nin ilk kuruluş yıllarından sonra Balkanlara geçen ve burada yerleşen Türkler ise, Avrupa bölgesinde yaşayan Hristiyan'lar için Müslüman-Türk tehdidi olarak görüldüler.

Balkanlarda Müslümanlığı kabul eden topluluklar, "Türk" olarak değerlendirildi.

Avrupa'daki devletler için Türkler, din başta olmak üzere, "tamamen farklı bir topluluk" olarak görüldü.

Türkler (ve Osmanlı), bir tehdit olarak algılanmıştır.

İstanbul'un fethedilmesi, Avrupalı Hristiyan'lar için, "bir felaket" olarak görüldü. Osmanlı İmparatorluğunun güçlü olduğu 16. ve 17. yüzyıllarda İmparatorluk, Orta Avrupa'ya kadar egemen olmuş ve buraya damgasını vurmuştu. Osmanlı Devleti'nin Balkanlar ve Avrupa'daki yönetiminde "yerel bağımsızlıkların verilmiş olması", din baskısının bulunmaması, Osmanlı Devleti'nin ömrünün uzamasına yol açtı.

Avrupa topluluk ve devletlerinde Türk düşmanlığına rağmen, Avrupa devletleri arasındaki ihtilaflar bazı Avrupa devletlerinin Osmanlı İmparatorluğu ile iyi ilişkiler içinde bulunmalarına da ortam hazırladı. Osmanlı İmparatorluğu askeri ve siyasi bakımlardan güçlü konumda idi. Bazı Avrupa devletleri de bu güç karşısında, karşı koyamadıkları için iyi ilişkiler kurdular. Osmanlı İmparatorluğu'ndan yardım isteyen devletler de oldu.

Avrupa için Türkler esas itibariyle, Asya'dan, doğudan gelen Müslüman bir tehdit idiler ve ayrıca Avrupa'nın Asya ile olan bütün kara ticaret yollarını kapatmışlardı.

Osmanlı Devleti güçlü olduğu dönemde,

- Orta Avrupa'ya kadar girip Osmanlı sınırlarını Avrupa devletleri aleyhine genişleten bir düşmandı.

- Müslüman bir devlet olarak da Hristiyanlığı tehdit ediyordu.

- Doğu ile ticaret yolları Avrupa'ya tamamen kapanmıştı.

Aynı tarihlerde bazı Avrupa devletleri, kapanan ticaret yollarını deniz yolu ile aşmak için Amerika'ya ve yavaş yavaş da Asya'nın güneyine ve doğusuna ulaşmışlardır.

Türkler Batı'da fetihler yaparken, Avrupalılar da deniz yollarını kullanarak Batı'ya gidiyorlardı.

Osmanlı'nın güçlü olduğu asırlarda Türklerin Avrupa'da algılanışı, "Avrupa'ya yabancı olan, Asya'dan gelen Müslüman bir tehdit" biçiminde idi. 14. yüzyılda güçlü bir biçimde başlayan bu etki, 600 yıl devam etmiştir.

Osmanlı Devleti Avrupa için,

- dinî,

- iktisadi,

- askeri,

- siyasi, bir tehdit olarak görüldü.

Altı asır boyunca Avrupa edebiyatında, müziğinde, resminde ve diğer kültürel öğelerinde, Türklere karşı düşmanlık yaygın olarak ortaya kondu. Avrupa'nın bugünkü eğitim sistemine bile yansıdı.

600 yıl içinde Türklerin Avrupa'da etkilerini sürdürmeleri, önemli sosyal ve kültürel kaynaşmalara da yol açmıştır. Osmanlı İmparatorluğu geri çekildikten sonra bile, İmparatorluğun kalın çizgileri, Balkanlarda ve Orta Avrupa'da varlığını sürdürmüştür.

Orta ve Batı Avrupa'nın Türklere bakışında, 600 yıldan gelen yoğun birikim, etkilerini hâlâ sürdürmektedir. Ayrıca, Türkiye Müslüman bir ülkedir. Bu da gözardı edilemez.

Avrupa'yı Doğu'dan tehdit eden iki ülke vardır. Ruslar da Türkler gibi algılanmışlardır. Ancak Rusların Hristiyan (Ortodoks) olmaları, Avrupa'nın Ruslar'a olan yaklaşımını, Türkler'den farklılaştırmıştır. Rusların Avrupa ile kültürel kaynaşmaları Türklerle Avrupa arasındaki kaynaşmadan çok farklıdır.

Osmanlı Devleti Birinci Dünya Savaşı'nda kaybeden tarafında idi. Kazanan Avrupa Devletleri, "hasta adam" Osmanlı'yı artık paylaşacaklardı.

Avrupa, Asya ve Afrika'daki topraklarının çoğu paylaşılmaya başlanmıştı bile. Fransızlar, İngilizler, İtalyanlar, Ruslar, Yunanlılar harekete geçmişlerdi.

Ancak Avrupa'nın beklemediği bir şey oldu; Türk Bağımsızlık Savaşı, Sovyetler Birliği'nin de Türkleri desteklemesi ile, "Yunanlılar'ın ve Avrupa'nın yenilgisi ile sonuçlandı".

Bu durum "mazlum milletler" için de bir umut ışığı olmuştur. Sömürgecilere karşı "doğudan bir ülke" savaşı kazanıyor, bağımsızlığını elde ediyordu. "Batı" bu defa kaybetmişti.

1923'te Cumhuriyetin ilânı ve Lozan Antlaşması ile artık Avrupa'nın karşısında yepyeni bir Türkiye Cumhuriyeti duruyordu. Avrupa "hiç istemediği halde, gönülsüz olarak" Türkiye Cumhuriyeti'nin varlığını, içine sindiremese de, kabul etmek zorunda kalıyordu. "Doğu Meselesi"ni rafa kaldırmak durumunda idi. Ermenilerin ve Yunanlıların genişleme talepleri, Avrupa tarafından yerine getirilememişti.

Anadolu Bağımsızlık hareketi, Avrupa için, dünyadaki "mazlum milletlere" kötü örnek olarak teşkil ediyordu: Avrupa'ya karşı doğudan gelen Müslüman Türkler galip geliyorlardı. Bu örnek, 20. yy'da bir ilki de oluşturuyordu.

1938'de Atatürk'ün ölümünden sonra 1939'da başlayan dünya savaşı ile Avrupa kendi derdine düşüyordu.

Atatürk'ün ölümünden sonra başlayan İkinci Dünya Savaşı sırasında Türkiye, Avrupa'da savaşın iki taraf arasında dengeyi koruyarak, savaşın dışında kaldı. Bu dönemde Türkiye, savaşan tarafların kendi saflarına çekmek için çaba gösterdikleri bir ülke konumunda bulunuyordu.

İkinci Dünya Savaşı Sonrası Türkiye-Avrupa İlişkilerinde Avrupa'nın Bakışı

İkinci Dünya Savaşı ile birlikte, iki bloklu bir dünya ortaya çıktı. Batı ve Doğu Blokları. Daha önce de açıklanan nedenlerle Türkiye Batı Bloku içinde yer aldı.

Savaş sonrası Avrupa'nın (ve ABD'nin) Türkiye'yi Batı Bloku ve Avrupa'nın siyasal sınırları içinde kabul etmesinin, Avrupa bakımından temel gerçekleri şunlardı;

a) Türkiye, Doğu Bloku'na karşı bir "kanat ülke" görevini görecekti. En stratejik coğrafyanın üzerinde bulunuyordu. Türkiye'nin Avrupalılığı'nın kararını, ABD verdi.

b) Türkiye, Avrupa'ya yardım programının (Marshall Yardımı) kapsamı içine alındı.

c) Türkiye, NATO içine alınarak, Sovyetler Birliği'ne karşı, Avrupa savunma sistemine dahil edildi.

d) Türkiye, bir Avrupalı ülke gibi, Avrupa Konseyi'nin üyesi yapıldı. Diğer Avrupa kurumlarına da dahil oldu.

Türkiye bir bakıma, "Batı'nın himayesi altına alınıyordu".

Cumhuriyet'in başından beri gerçekleştirilen devrimler Avrupa (ve Batı) değerlerine yakın değişiklilerdi. Bu yeni yapılanma, Avrupa devletleri tarafından, Ortadoğu'daki diğer ülkelerden farklı ve "daha Avrupalı" bir devletin ortaya çıkmakta olduğu değerlendirmesine yol açtı.

Ancak, Türkiye'nin savaş sonrasında Avrupa (ve Batı) şemsiyesi altında tutulmasında en önemli etken, iki bloklu dünyada Türkiye'yi Batı Bloku içinde tutmak amacı idi.

Çünkü Türkiye Batı çıkarları açısından çok stratejik bir coğrafyada bulunuyordu. Sovyetler Birliği'nin varlığı Avrupa'yı (ve Amerika'yı), Türkiye'yi Avrupa savunma sistemi içinde tutma sonucunu doğurmuştur.

Eğer dünya iki blok haline dönüşmese idi, Türkiye Avrupa (ve Amerika) tarafından Avrupa sınırlar ve kurumları içine alınmazdı. Dolayısıyla, o tarihlerde Türkiye'nin Avrupa içine "kabulü" Avrupa bakımından siyasal, tarihsel, ekonomik ve kültürel sürecin doğal bir sonucu değildi. Askeri ve stratejik nedenler önde idi.

Lozan Konferansı sırasındaki tartışmalar ve değerlenmeler göz önüne alındığında, bu gerçek daha açık olarak görülür.

Soğuk Savaş sona erdikten sonra, Batı'nın Türkiye'ye karşı tutumu, bu gerçeği 45 yıl sonra ortaya koymuş olacaktı.

1960'lar ve 1970'lerde Avrupa - Türkiye İlişkileri

1960'lar Doğu ve Batı Blokları arasında soğuk savaşın en yoğun olduğu yıllardır. Batı bloku ve NATO içindeki Türkiye AB (AET) açısından da, stratejik ve ideolojik olarak "yanında tutulması gereken" bir ülke konumunda bulunuyordu.

AB (AET) Ankara ile 1963'te Ankara Antlaşması'nı imzalarken, "Türkiye'yi karşı bloka itmeme, yanında tutma" amacını güdüyordu.

1957'de kurulmuş olan AET, kendi geleceğini henüz tam olarak göremiyordu. AET'nin gelişme seyrine göre ve dünyadaki değişmelere göre yön verilecek bir oluşum söz konusu idi. Bu belirsizler içinde Türkiye'nin ve Yunanistan'ın AET'nin ortak üyeleri (associate member) yapılmalarında bir sakınca yoktu. Türkiye içeri alınmıyor, ortak üyelik ile bir bakıma, AET'nin ilgi (ve nüfuz) alanı içine sokuluyordu. Türkiye Avrupa'nın "denetimi altında" tutulmuş oluyordu.

Bu oluşum, Türkiye'de de "Avrupa perspektifinin" canlı tutulmasına yardımcı olacaktı. Öte yandan, Batı Avrupa üzerinde, o tarihlerde büyük etkisi bunun ABD de, Brüksel'i Türkiye'yi, Avrupa himayesi ve şemsiyesi altında tutmasını, stratejik nedenlerle destekliyordu.

AET'nin Türkiye'ye bakış açısına, "soğuk savaş koşulları" tam anlamı ile damgasını vurmuştu. İkinci Dünya Savaşı sonrasında batı

Avrupa Kurumları içinde yer almaya başlayan Türkiye'nin AET'ye ortak üye yapılması, Brüksel açısından bu bağlamda algılanan bir gelişme idi.

Nihayet Türkiye, ortak üye (associate member) statüsünde idi, AET (ve Batı Avrupa) ileri yıllardaki iç ve dış gelişmeler göre, yeni değerlendirmeler yapabilir, Türkiye hakkında kesin kararını ileride verebilirdi.

1963 Aralık ayında Rumların Türklere kanlı saldırıları karşısında Avrupa ülkelerinin ve ABD'nin kayıtsızlığı, "Türkiye'nin Batı tarafından gerçekte nasıl algılandığını" ortaya koymakta idi.

Batı, Türkiye'ye karşı Yunanistan'ın yanında yer alıyordu.

Türkiye 1970 yılında AET ile Katma Protokol adı altında, 1963 Ankara Antlaşmasının devamı niteliğinde, kapsamlı bir anlaşma yaptı. Bu anlaşma, 1963'den bugüne kadar Türkiye ile AB arasında, Türkiye'nin de çıkarlarını koruyan tek kapsamlı anlaşma idi.

Ancak daha sonra AET (AB) bu anlaşmanın Türkiye lehine olan hükümlerinin kaldırılmasını sağlıyordu. Bunlar içinde, 1986'ya kadar işgücü dolaşımının serbest olması, en önemli olanı idi.

1980'li yıllarda dünyanın ve Avrupa'nın hızla değişmesi ve 1985'ten itibaren Doğu ve Batı blokları arasındaki yumuşama, Avrupa'nın (AT'nin) Türkiye'ye bakışını da değiştirmeye başladı. Öte yandan B. Almanya'ya 1960'lı yıllardan itibaren başlayan Türk işçi gücü başta F. Almanya olmak üzere batı Avrupa ülkelerinde, Avrupa'nın Türkiye'ye bakışını hızla değiştirmişti.

Türkiye'nin kırsal alanından F. Almanya ve diğer Avrupa ülkelerine giden insanların "Batı Avrupa'dan çok faklı bir sosyal ve kültürel özellikte oldukları", bu ülkeler tarafından yoğun bir biçimde hissedilmeye başlandı.

F. Almanya'da ilk tepkiler daha 1978-1979 yıllarında görülmeye başladı. Bu yıllarda F. Almanya'da Türkler ile ilgili olarak hazırlanan raporlar, Türkiye'ye karşı tutumun ve bakış açısının hızla değişmesinde ektili oldu.

1980'li yıllarda Batı Avrupa,

- Bir taraftan ekonomik olarak hızla gelişiyordu, yavaş yavaş refah toplumu olmuştu.

- Öte yandan soğuk savaş koşulları ortadan kalkmaya başlamış, Sovyetler Birliği değişme süreci içine girmişti; 1985'te ABD ile Rusya, silahların sınırlandırılması ve azaltılması konusunda anlaşıyorlardı. Avrupa'nın "Doğu'dan tehdit algılaması" ortadan kalkıyordu.

- Bu arada 1960'larda başlayan, 1970'lerde yoğunlaşan Türk iş gücü, F.Almanya başta olmak üzere Batı Avrupa'da, Türkiye hakkındaki "bakış açısını hızla değiştiriyordu". Türkiye artık, AT (AB) içine alınması imkânsız bir ülke olarak algılanmaya başlanıyordu.

Türkiye, Avrupalı olmayan "dışarıdaki" bir ülke olarak bakılmaya başlanmıştı. Zaten bu nedenle, 1987'de Ankara Hükümeti, tam üyelik için başvurusunu yapmaya hazırlanırken, Brüksel Ankara'ya, "başvuruyu yapmayın" diye talepte bulunuyor, bunun için Ankara'ya temsilcilerini gönderiyordu.

Üstelik o tarihlerde, başvuruda bulunan ülkeler açısından, ekonomik ölçüler esas alınıyordu. Bugün olduğu gibi siyasi koşullar bulunmuyordu.

Soğuk Savaş Sonrasında Avrupa'nın Türkiye'ye Bakışı

Soğuk Savaş biterken Türkiye'nin 1987'de yaptığı tam üyelik başvurusu 1989'da sudan sebepler ile reddediliyordu. Ekonomik olarak Avrupa ile uygun bir entegrasyon sağlanmıştı; Kopenhag kriterleri yoktu, Kıbrıs, Ege AT (AB)'nin koşulları değildi. Ama yine de Türkiye reddediliyordu. Soğuk savaş biterken artık, geleceğin Avrupa Birleşik Devletleri'nin planları yapılıyordu. Bu plan içinde Türkiye bulunmadığı için reddediliyordu. Türkiye, "dışarıdaki" ülke idi: Olsa olsa sadece "himaye altına" alınabilirdi.

1989'da Sovyetler Birliği'nin çöküşü ile Avrupa'da yeni bir dönem ve anlayış başladı. 1990 sonrasında Avrupa'yı hem çevre ile ilişkilerinde, hem de Dünya içindeki konumunda değiştiren faktörler şunlar oluşmuştur;

Avrupa için Sovyetler Birliği'nden askeri ve ideolojik tehdit algılaması ortadan kalktı. Avrupa artık kendi ekonomik siyasal ve kültürel kimliğini, "dış tehdit ve dış baskı unsurlarından soyutlanmış olarak" ele alıp değerlendirebilecekti.

Soğuk savaş döneminde Avrupa'nın üzerinde, "Sovyetler Birliği'nin olduğu kadar ABD'nin de baskı ve güdümü" söz konusu idi. Avrupa 1990 sonrasında, bu iki baskıdan birden bire kurtulmuş oluyordu. Avrupa bir bakıma, "kendine geliyordu".

1990-2000 arasında Avrupa'daki gelişmelere baktığımız zaman şunları görüyoruz;

- "Avrupa Avrupalılar'ındır" görüşü öne çıkmaya başladı ,

- Din ve kilise toplum içinde etkisini ve önemini arttırdı ,

- Avrupa ülkelerinde yapılan seçimlerde sağcı ve tutucu partilerin oy oranları yükseldi. Hatta, aşırı milliyetçi partiler iktidara gelmeye başladılar.

Fransa başta olmak üzere bazı düşünürler, Avrupa'da yeniden "Münih zihniyeti" olarak adlandırılan anlayışın doğmakta olduğuna dikkatleri çekiyorlardı.

Kurulması planlanan Avrupa Birleşik Devletlerinin temel öğeleri olarak kapitalizm, Hristiyanlık ve Avrupa Milliyetçiliği hızla öne çıkmaya başlıyordu.

1990 sonrasında dünya, "ekonomik çıkarların" öne çıkmaya başladığı bir döneme girdi. ABD, AB ve Japonya, iki bloklu dünyadan, "tek bloklu" dünyaya geçişin hazırlıklarına giriştiler. Bu tek boyutlu dünyanın merkezinin ise "Batı" olması isteniyordu.

Küreselleşme olarak gelişmiş Batı'nın empoze etmeye çalıştığı yeni dünya düzeninde artık, bütün dünya, ABD, AB ve Japonya için, aralarında ekonomik rekabetin ve ekonomik çıkar çatışmalarının yoğunlaşacağı bir yeniden yapılanma sürecini yaşamaya başlamıştı.

Avrupa, AB çatısı altında, ABD ve Japonya'ya karşı rekabet edecekti. Bunun için de, AB hızlı bir değişim süreci içine girdi.

- 1990'da Maastricht kararları ile ekonomik, mali, ticari ve siyasal askeri bütünleşme hareketleri başlatıldı.

- AB'nin merkezi karar organlarının yetkileri arttırıldı.

- AB, "dış dünyaya karşı, bütünlüğünü her alanda derinleştirmeğe" başladı.

- 1999'da AB, "AB askeri gücü, AB ordusu" alanında somut adımlar attı. Avrupa Güvenlik ve Savunma Kimliği adı altında düzenlemeler yapıldı. 2003'te 60.000 kişilik bir AB ordusunun kurulması planlandı.

Türkiye artık AB'nin tam üyelik gündeminde bulunmuyordu. 1989'da Turgut Özal'ın, "AB'ye alınmasak da gümrük birliğine gireceğiz" anlayışı doğrultusunda Türkiye AB'ye tek yanlı bağlanma süreci içine sokuluyordu. 1994 Essen doruğunda, geleceğin Avrupa Birliği'nin ülkeleri belirlendi. Türkiye listede yoktu. Ama diktatörlükle yönetilen Slovakya listeye dahil edilmişti.

Türkiye listede yoktu. Türkiye ile 1995'te Gümrük Birliği belgesinin imzalanması ile yetinildi. Bu belge, Türkiye'yi AB'ye tek yanlı olarak bağladı. Türkiye, AB dışında olduğu halde AB içindeki üyeler gibi, tek yanlı yükümlülükler üslendi. Bu ilişki düzeni AB için, Türkiye ile ilişkilerde ideal bir çözümdü. AB Türkiye'yi içine almadan, istediklerinin hepsini, tek yanlı olarak elde etmişti. 1989'da başlatılan Sessiz Darbe 1995 belgesi ile kurumlaştırılmış oluyordu.

- Türk pazarı tamamen AB'ye açılmıştı.

- Türkiye'nin dış ticaret politikası, AB'nin belirlediği politikalara veya uygulamalara bağlı olacaktı. AB dışındaki Türkiye, Brüksel tarafından yönlendirilmiş olmakta idi.

1995'te AB açısından Türkiye ile ilişkiler, Gümrük Birliği belgesi ile noktalanmış oldu. Brüksel için bundan sonra, "Türkiye'yi bu tek yanlı ilişki düzeni içinde tutmak" önemli idi.

Türkiye'nin AB ile böylesine tek yanlı bir ilişki düzeni oluşturması tarihi bir hatadır. Siyasal, hukuki ve ekonomik bakımlardan tek yanlılığı, hiçbir kuşkuya meydan bırakmayacak bir biçimde ortadadır.

Türkiye'de hükümet ve bazı büyük sermaye çevreleri, bu tek yanlı ilişki düzenini sağlayarak, Türkiye'yi AB himayesi (mandası) altına sokmuşlardır. Gerek Ankara'da bazı siyasiler, gerekse bazı büyük sermaye çevreleri bu süreç içinde, "Brüksel'le çok yakın işbirliği sergilediler". Bu durum, AB'yi fazlası ile mutlu eden bir gelişme oldu. Öte yandan Türkiye içinde, bir "AB lobisinin" meydana gelmesi, Brüksel'in Ankara ile olan ilişkilerinde, Türkiye'den çok AB'nin çıkarlarına hizmet eden bir ortam yarattı.

1997 Lüksemburg doruğunda AB Türkiye'yi, yıllardır izlediği politikanın doğal bir sonucu olarak, "AB genişlemesinin dışında tutuğunu" açıkladı. 1995'te tek yanlı olarak AB'ye bağlanan Türkiye'de bu durum tepkiye yol açtı.

- Ankara hükümeti, AB ile siyasi konuları konuşmayacağını açıkladı.

- Öte yandan AB, "Türkiye üzerinde etkisini" kaybetti. Türkiye'yi açık bir biçimde dışladığı için, Türkiye'den siyasi konularda talepte bulunamıyorlardı. Güneydoğu, Kıbrıs ve Ege konularında Ankara'yı sıkıştırma silâhlarını kaybetmişti.

- Ayrıca Brüksel'i, "acaba Türkiye'de AB perspektifi kaybolur mu" kaygıları kaplamaya başladı. Aynı kaygıları, AB'nin Türkiye'deki uzantısı konumunda bulunan çevreler de taşıyordu.

AB'nin Türkiye üzerinde inisiyatifinin azalmaya başlaması, Türkiye'deki bazı büyük sermaye çevrelerini de rahatsız etti. Bu çevreler, AB merkezlerine düzenledikleri gezilerde siyasilere, "Türkiye'ye AB adaylığının verilmesi gerektiğini" belittiler. Bu telkinler, AB çevrelerinde de olumlu karşılandı. Çünkü Türkiye'ye adaylığın verilmesi, AB'yi hiçbir yükümlülük altına sokmuyordu. Buna karşılık Türkiye üzerinde AB etkisi tekrar elde edilmiş oluyordu. Bu husus, ekonomik konulardan çok, siyasal konularda AB için önemli idi.

- Kürt meselesi,

- Kıbrıs ve Ege uyuşmazlıkları,

- ve Ermeni meselesinde, AB, Türkiye üzerinde baskı yapabilme olanaklarına kavuşacaktı.

Ayrıca Türkiye'de, "AB perspektifi, yeniden yerli yerine oturtuluyordu". Türk bürokrasisi ve siyasi çevreler, AB'ye üyelik beklentisi içinde tutularak, etki alanı içine alınacaklardı.

Bu düşüncelerle Aralık 1999 Helsinki doruğunda Türkiye aday ülke ilan edildi. Ancak burada, Yunanistan'ın talepleri doğrultusunda, Türkiye'nin önüne, Kıbrıs ve Ege konularında, "AB'nin ve Yunanistan'ın taleplerini yerine getirmesi koşulu konuyordu."

2000 yılı Kasım ve Aralık aylarında Katılım Ortaklığı Belgesi ile de, bu koşullar, Türkiye üzerinde baskı sağlayacak bir biçimde, açık talepler olarak yenileniyordu.

Aralık 2000'deki Nice doruğunda, 12 ülkeye takvim sunulmasına karşın, Türkiye tekrar dışlanıyor, üyeliğin 2010 yılında değerlendirileceği açıklanıyordu.

AB Türkiye konusunda bir gerçeği görmüştü; Türkiye içinde kurulmuş olan AB lobisi kanalı ile hem Türkiye üzerinde siyasi konularda baskı yapmak, hem de Türkiye'yi çok uzun yıllar oyalamak olanağı vardı.

Türkiye'nin Nice doruğu'nda dışlanmış olduğu Ankara'da, sadece Genelkurmay Başkanı'nın açıklaması ile kamuoyu duyuruluyordu. Hükümet ve diğer çevreler, Türkiye'nin dışlanmış olmasını görmemezlikten geliyorlardı.

Ve AB bu olanağı çok iyi kullanıyordu. Türkiye, AB ile ilişkilerinde, akılcı ve gerçekçi olmaktan çok, "kendi kendisini oyalayan, hatta kandıran" bir ülke durumuna gelmişti.

AB'nin Türkiye karşısında bu avantajları elde etmesinde, "Türkiye'nin kendi iç çelişkileri" çok ektili oldu. Bölücülerin, şeriatçıların, Atatürkçü düşünceye karşı olanların ve bazı büyük sermaye çevrelerinin "AB ile bir ittifak içinde bulunmaları", bu çelişkiler yumağının en önemli nedenidir.

Avrupa İnsanı Türkiye'yi Nasıl Görüyor?

Avrupa insanı Türkiye'yi, genellikle Avrupa'nın dışında görmektedir. Türkiye'nin Avrupa Birliği'ne üyeliği konusunda, 10.000 denek kullanılarak 10 AB ülkesinde yapılan bir araştırmada(*) halkın %22 'si olumlu bakmıştır.

Diğer aday ülkelerle ilgili olarak yapılan çeşitli araştırmalarda bu oran %50 ile %60 arasında, evet olarak görülmüştür. Bundan önceki bölümde de açıklandığı gibi, tarihi olaylardan dine kadar çeşitli faktörler bunda etkilidir.

Ancak bu da, "Avrupa'nın kendi gerçeği" olarak, Türkiye tarafında kabul edilmesi zorunlu olan bir olgudur.

Diğer taraftan Avrupa ülkelerindeki sivil toplum örgütlerini ve sendikaları göz önüne aldığımızda, daha da "olumsuz" bir tablo ortaya çıkıyor.

- İşçi sendikaları, işsizlik konusunda çok duyarlıdırlar. Türkiye gibi, nüfusu hem çok büyük, hem de genç nüfus oranı çok yüksek bulunan bir ülke, bu kesimler için, "büyük bir tehlike" olarak görülür.

- Avrupa Birliği ülkelerindeki siyasal partiler de, "kendi tabanlarının" ve temsil ettikleri gurupların ve sınıfların çıkarlarını göz önünde tuttukları için, Türkiye'nin AB'ye üyeliğine olumsuz bakmaktadırlar.

Genel olarak bakıldığında, AB üyelerinin insanı için Türkiye, Avrupalı olmayan ve AB'nin içine alınmaması gereken bir ülkedir. Bu ülkelerdeki gazete ve televizyon yayınları incelendiği zaman Türkiye'ye karşı, "çok olumsuz önyargıların bulunduğu" açık olarak görülür. Bu önyargıların ileride *olumlu yönde değişmesini beklemek*, ne yazık ki olanak dışıdır.

(*) Avrupalılar Türkiye'nin AB üyeliğine Nasıl Bakıyor? Bileşim Int. 1999

Türkiye AB İçin Önemli, Ancak...

Türkiye AB'nin güneydoğusunda, AB için çok önemli bir tampon ve ara ülkedir. Türkiye AB için ekonomik, politik ve hatta kültürel olarak önem taşır ve vazgeçilmeyecek bir ülkedir. Batı Avrupalı birçok devlet adamı Türkiye'yi ziyaret ettiklerinde, "Türkiyesiz Avrupa olmaz" ifadesini sık sık kullanılırlar. Bu ifade sadece diplomatik bir nezaket gereği söylenmenin çok ötesinde, AB'nin ve bireysel olarak da Fransa, Almanya, İngiltere ve İtalya'nın Türkiye'ye yaklaşımlarını ortaya koyan bir anlam taşır.

AB için Türkiye, sadece, gelişme potansiyeli büyük olan bir pazar değildir. Bundan ayrı olarak, Doğu Akdeniz, Balkanlar, Karadeniz çevresi, Kafkasya ve Orta-Doğu politikaları bakımından da, vazgeçilmeyecek bir "ortak" konumundadır. Türkiye'ye arkasını dönmüş ve ülkeyi ABD, Japonya veya Rusya ile yakın ilişkilere itmiş bir Avrupa, Türkiye ve yakın çevresinin bulunduğu bölgede büyük zaaflara uğrar. Buna karşılık, Türkiye ile yakın ilişki içinde olan, hele Türkiye'yi kendi bölgesel politikaları doğrultusunda "kullanabilen" bir Avrupa, ekonomik, politik, stratejik ve kültürel olarak bölgede büyük yararlar elde eder.

Ekonomik Bakımdan Türkiye'nin Önemi

Bir pazar olarak Türkiye, nüfusu 66 milyon olan ve büyük genç nüfusa sahip, ayrıca, tüketim kalıpları imrendirici boyutlara varan Türk pazarı, AB için Japonya ve ABD'ye kaptırılamayacak kadar önemlidir. Bugün, toplam AB ihracatı içinde Türk pazarı 6. büyük pazardır. Ancak büyük nüfus artış oranı ve yüksek tüketim eğilimi ile, hiçbir zaman "marjinal" bir konumda olmayacaktır. 20-30 yıl sonrası Türkiye pazarı AB için, büyük bir öneme sahiptir.

Bu nedenle, AB iş çevreleri, Türkiye-AB ilişkilerinin gelişmesine hep sıcak bakmışlardır. AB'nin ihracat, bankacılık, ulaştırma ve turizm şirketleri için Türkiye, yarın çok daha büyük ve önemli boyutlara ulaşacaktır. Dış ticareti AB'ye sıkı sıkıya bağlı, AB firmalarının önemli yatırımlarının bulunduğu Türkiye pazarı, AB için gerçekten önemlidir. Türkiye'deki yabancı yatırımların büyük çoğunluğunu, AB firmaları meydana getirir.

Türkiye bir geçiş bölgesidir ve Orta-Doğu, Kafkasya, hatta iç Asya pazarlarına ulaşmak için Türkiye'nin olanaklarından yararlanmak büyük önem taşır.

Bu yalnız ticari açıdan değil, ulaştırma ve ortak girişimler açısından da geçerlidir. 1990 körfez krizine kadar, Irak, İran ve Körfez ülkelerine geçiş, Türkiye üzerinden ve "Türk firmaları ile" yürütülüyordu. Mersin limanı, Doğu Akdeniz'in en işlek limanı haline gelmişti. Tır firmaları Anadolu'yu aşındırıyorlardı.

Irak'ın Avrupa ile ilişkilerinin normale dönmesi ile, eski canlılık, daha hızlı olarak gelişecektir.

Orta-Doğu yanında, Kafkasya'ya transit geçiş için de Türkiye AB açısından hayati öneme sahiptir. Mal geçişleri dışında, petrol, doğal gaz ve su konularını da göz önüne almak gerekir.

Petrol ve Doğal Gaz Konusu

Türkmenistan doğal gazının Avrupa'ya geçişi Türkiye üzerinden olabilir. Türkiye üzerinden doğal gaz alan Avrupa için Türkiye önem taşır.

Petrol boru hatlarında da, Azerbaycan, Hazar Denizi, petrollerinin, Türkiye üzerinden Akdeniz'e ulaştırılması söz konusudur. Bu da, Türkiye ile yakın ilişkinin önemli nedenlerinden birisidir.

Kerkük-İskenderun boru hattı yeniden açıldığında, Türkiye muslukları elinde tutmaya yeniden başlayacaktır.

Su Konusu

Önümüzdeki 10 yıllarda, Türkiye'nin güneyinde bulunan Orta-Doğu ülkeleri büyük su sorunu ile karşı karşıyadırlar. Dicle-Fırat yanında, Akdeniz'e akan üç Türk nehrinin de sularının Orta-Doğu'ya boru hatları ile nakli söz konusudur.

Türkiye'nin elinde olan stratejik su kozu (veya su kaynakları) AB dahil, Orta-Doğu ile ilgilenen her ülke için büyük önem taşır. Türkiye ile yakın ilişkiler içinde bulunan AB gelecekte, Orta-Doğu politikasında, Türkiye'yi yanına alarak, su kozunu, hem ekonomik, hem de politik olarak yönlendirebilecektir.

Su ile bağlantılı olarak GAP konusunu da göz önünde tutmak gerekir. Ne kadar yavaş giderse gitsin, GAP geniş bir alanda, büyük bir ekonomik ve ticari potansiyel doğuracak ve bu potansiyel, yalnızca Türk hudutları ile sınırlı kalmayacaktır. Orta-Doğu'da siyasi sorunlar yavaş yavaş çözüldükçe, GAP da, bölge ülkelerine hitabeden dev bir ekonomik güç olarak kendini gösterecektir.

Bu Türkiye'nin kozu olduğu kadar, Türkiye ile yakın ilişkiler içinde olan AB'nin de kozu olabilir. Başlangıçta GAP'a ilgi göstermeyen AB firmaları, GAP ortaya çıktıkça, devreye girmeye başlamışlardır. Bölgedeki politik sorunlar bile bu ekonomik cazibenin önemini düşürememiştir. Çünkü GAP, gerçekte çok büyük ekonomik sonuçlar doğuracak bir potansiyele sahiptir.

Yeni Türk Cumhuriyetleri ve Türkiye'nin bölgesel önemi; yavaş da olsa, Türkiye ile Kafkasya ve İç Asya Türk Cumhuriyetleri arasındaki ilişkiler gelişmektedir. Bütün sorunlara ve dış engellemeler rağmen, iç dinamikler ve ekonominin kuralları bu gelişmenin devamını zorunlu kılmaktadır.

Önümüzdeki yıllarda, AB firmalarının, Türk firmaları ile birlikte, daha yaygın bir biçimde, Türk cumhuriyetlerinde ortak girişmelerde bulunmaları sürpriz olmayabilir.

Türkiye bir bakıma, AB için, Kafkasya ve İç Asya'ya açılan bir kapı konumundadır. Halen AB'nin yürütmekte olduğu Avrupa Otoyolları projesinin bir kanadı Türkiye üzerinden planlandı. Türkiye ile yeni Türk Cumhuriyetleri arasında ekonomik ilişkiler geliştikçe, Türkiye'nin bu konumu, AB için, daha belirgin bir biçimde ortaya çıkacaktır.

Avrupa'da Türk Ekonomik ve Sosyal Varlığı ve Avrupa Birliği

AB içinde bulanan 3.5 milyon Türk artık yalnızca işçi konumunda değildir. İrili ufaklı 60.000 Türk kökenli firma, AB'ye yabancı sermaye olarak gelmemiş, AB içindeki Türler tarafından kurulmuştur. Özellikle Almanya'daki Türk ekonomik varlığı, artık Alman ekonomisinin ayrılmaz bir parçası durumundadır. Yalnız Almanya içi faaliyetler değil, Türk ve Alman ekonomileri arasındaki ilişkiler bakımından da büyük bir öneme sahiptirler.

AB'deki Türk ekonomik varlığı, Türkiye ile AB arasındaki doğal köprüyü meydana getiriyor. Bu köprü, yalnız ekonomik olarak değil, siyasi ve sosyal bakımlardan da Türkiye'nin AB'ye uzattığı bir köprüdür.

AB içindeki Türk ekonomik varlığı, bir yandan olumsuz sosyal ve politik sonuçlar doğururken diğer yandan da, AB içindeki Türk ekonomik, sosyal ve politik yerleşiminin de bağımsız bir simgesi durumuna gelmekte ve ekonomik, hatta politik yönden, bazı AB ülkelerinin Türkiye ile bağlarına olumlu etkiler yapmaktadırlar.

Son yüzyıl içinde, ABD'de Yunanlılar'ın, ABD-Yunan ilişkilerinde yarattıkları etkileri bugün, bazı Avrupa ülkelerinde, Türkler yaratmaya başlamışlardır.

Avrupa'da, olumlu ve olumsuz yönleri ile birlikte gelişme gösteren Türk unsurlar, sonuçta Avrupa'nın Türkiye ile bağlarını meydana getiren köprüler haline gelmektedirler.

Bugün AB içindeki Türk varlığı 3.5 milyon yerine 10 milyon olsa idi, etki daha da büyük olurdu. Zaten bu nedenle, özellikle 1977'den itibaren, B. Avrupa Türkiye'ye karşı tutumunu değiştirmeğe başlamış ve tam üye yapmama kararının temelleri daha o günden atılmıştı.

Yukarıda belirtilen faktörler AB'nin, Türkiye'yi neden dışlayamayacağının ekonomik öğelerini ortaya koymaktadır. Yine bu öğelerin beraberinde, AB şunu da düşünmektedir; Artık ideolojik savaş sona ermiştir ve Doğu-Batı soğuk savaşının yerini, "AB, Japonya ve ABD arasındaki ekonomik savaş ve rekabet" alacaktır. Bu durumda, hem pazar olarak, hem de bölge içindeki stratejik önemi dolayısıyla, AB'nin ABD ve Japonya karşısındaki pozisyonuna olumlu etki yapar. Türkiye'nin Japonya ve ABD'ye "kaptırılması" durumunda, AB üzerinde olumsuz ektiler yapar.

Bütün bu nedenlere bağlı olarak AB Türkiye'yi kaybetmek isteyemez ve yanında tutmaktan yararlı sonuçlar doğacağını bilir. İşte, "yanında tutmak" kavramı AB için hayatı önem taşıyor. AB, Türkiye'yi tam üye yapamayacağına göre nasıl yanında tutar sorusuna ise verilen karşılık, "gümrük birliği"dir. Tam üye olmaksızın gümrük birliğine dahil edilen Türkiye, AB Parlamentosunda, AB Bakanlar Konseyinde ve AB Komisyonu'nda yer alamayacak, ama gümrük birliği içinde olduğu için bu üst kuruluşlarının kararları doğrultusunda hareket etmek zorunda kalacaktır.

Bu ise, AB için ideal bir formüldür.

Polítik Bakımdan Türkiye'nín AB İçín Önemí

Özellikle 1989 yılından itibaren, artık yavaş yavaş anlaşılmaya başlandı ki, Doğu Bloğunun çöküşü Türkiye'nin AB için politik ve stratejik önemini azaltmaya başlamıştır.

1990'ı izleyen yıllar içinde Avrupa Birliği'nin Kürt meselesinde, Kıbrıs meselesinde Türkiye'nin üzerine, baskı kullanarak gelmeğe başlaması, Türkiye'nin savunma paktı olan AGSK'ya tam üye yapmaması bunun somut belirtileridir. Artık Türkiye, Doğu tehdidine karşı, Avrupa'nın "içinde" tutulması gereken bir ülke değildir.

Ancak, Avrupa'nın "dışına" da itilmeyecek ve "sınırda ve eşikte" tutulacaktır. Türkiye'yi tamamen dışlamanın, politik ve stratejik olarak AB'ne getirebileceği maliyetler vardır. AB'ye göre Avrupa'dan tamamen dışlanarak tek başına bırakılan bir Türkiye, zaten çok istikrarsız olan bölgede, istikrarsızlıkların daha da yaygınlaşmasına neden olur ve bu da AB'ye zarar verir.

O halde, politik olarak, geleceğin Avrupa'sı içinde yer almayacak, ancak, tamamen dışlanmadan, AB ile "işbirliği" içinde tutulacak bir Türkiye, AB için gereklidir.

Türkiye tam üye yapılmadan, sadece Gümrük Birliği'ne dahil edilerek, AB'nin "denetim ve güdümü" altında tutulacaktı. Ancak AB'nin siyasi bütünlüğünün içine sokulmayacaktı.

Bu alanda Türkiye, AB açısından işbirliğinin sürdürüleceği, bir sınır ve tampon ülke konumunda bulunacaktır. AB'nin son 10 yıl içinde izlediği politika budur. AB çevreleri "Türkiyesiz Avrupa olmaz" derken, siyasal birliğin içine dahil edilmemesini istemektedirler. Gümrük Birliği konusunda, Leon Brittan'ın AB Komisyonu için hazırladığı 1994 Türkiye raporu incelendiğinde, bu tutum net bir biçimde görülmektedir.

Eskisi kadar olmasa bile bugün de, Türkiye'nin AB için siyasal ve stratejik önemi vardır.

Türkiye'nin içinde bulunduğu bölgede AB'nin politik ve stratejik çıkarları, Türkiye'ye rağmen sağlanamaz. Türkiye ile işbirliği halinde daha kolay yürütülebilir.

AB Neden Türkiye'yi İçine Alamaz?

AB'nin Türkiye'yi tam üye yapmama nedenleri şu şekilde sıralanabilir:

a) AB, Türkiye'yi, Avrupa kültürünün bir parçası veya bir uzantısı olarak görmemektedir. Din unsuru en önemli kültürel öğe olmakla birlikte, dinin yanında, kültürle ilgili diğer hususlar da AB tarafından değerlendirilmektedir. Belki Türkiye, Müslüman değil de Hristiyan bir ülke olsaydı, din dışı kültürel farklılıklar, Yunanistan ve diğer AB'li Akdeniz ülkelerinde olduğu gibi göz ardı edilebilirdi.

Ancak Türkiye'nin Müslüman bir ülke oluşu din ve kültür olarak bir bütün halinde, Türkiye'nin AB kültüründen farklılığı AB gözünde büyütülmektedir. 50'li ve 60'lı yıllarda fazla göze batmayan hususlar;

a_1) Türk iş gücünün Batı Avrupa'ya girmesinden ve burada Türk topluluklarının oluşmasından sonra,

a_2) Daha da önemlisi, Doğu Bloku'nun çökmesinden sonra ön planda algılanmaya başlanmıştır. Bosna-Hersek'te olup bitenlere B.Avrupa'nın ve AB'nin yaklaşımı, Türkiye'nin üyeliğine bakış açısı hakkında bir fikir vermek için yeterlidir sanırız. Balkanlar ve Orta-Avrupa arasındaki bölgede bir Müslüman ülkenin (Bosna-Hersek) varlığını içine sindirmeyen bir anlayış ve yaklaşım, nasıl olur da, 66 milyonluk koskoca Türkiye'yi AB'nin tam üyesi yapıp, üst karar mekanizmalarında söz sahibi yapabilir.

1960'lı yıllarda B.Avrupa'nın kendi içinde de göz ardı ettiği bu gerçek, 1970'li yıllardan itibaren yavaş yavaş ortaya çıkmış ve bugün AB'nin Türkiye'ye karşı politikasını belirleyen ana unsurlardan birisi haline gelmiştir.

Üstelik 1980'li yıllarda İran rejiminin getirdiği korku, Mısır ve Cezayir'de meydana gelen radikal dinci hareketler, Türkiye gibi büyük bir Müslüman bir ülkenin AB'ye dahil edilmesi, AB açısından zorlaştırıcı bir unsur olmuştur.

Ayrıca Türkiye'deki bazı sorunların (radikal dincilik, kürtçülük gibi) AB ülkelerinin içine taşınmış olduğunu ve bu ülkelerde önemli sorunlar yarattığını unutmamak gerekir. Türkiye, daha AB'nin dışında iken sorunları bu denli AB ülkelerine taşınıyorsa, tam üye olmuş 66 milyonluk Türkiye bütün sorunlarını AB içine aktarmış olacaktır korkusu ile Türkiye'ye bakan Brüksel, tam üyeliğe karşı çıkmaktadır.

Türkiye'nin geçen yüzyılda başlayan Batılılaşma çabaları ve Cumhuriyet sonrasında laik bir devlet oluşu, AB'nin Türkiye'yi Avrupa kültürünün bir parçası olarak görmesine yetmemektedir.

b) Türkiye'nin büyük genç nüfusu ve yüksek nüfus artış oranı AB'yi, Türkiye'nin tam üyeliği konusunda "korkutan" bir gerçektir. AB'de siyasi temsilin nüfus hacmi ile orantılı olduğu göz önüne alınırsa, tam üye olmuş bir Türkiye, AB'nin en büyükleri arasında, karar mekanizmasının başına oturacaktır. Bu ise, AB'nin kesinlikle içine sindiremeyeceği ve kabullenemeyeceği bir durumdur.

Türkiye'nin büyük nüfus potansiyeli siyasi ağırlık yanında ekonomik ve sosyal yönlerden de AB'yi korkutmaktadır. Tam üye olarak ilerde AB içinde serbest dolaşımdan ve yerleşimden de kaçınılmaz olarak yararlanacak büyük Türk nüfusu, istihdam ve sosyal dengeler bakımından AB'yi sarsar görüşü Brüksel'de hakimdir. AB bu kaygısında haklıdır. Ayrıca yüksek nüfus artış hızı ile bir süre sonra nüfusu 100 milyona dayanan Türkiye nüfusu artmayan AB için tam bir kabustur. AB çevrelerine göre, eğer Türkiye tam üye olursa, 20 yıl sonra AB'nin siyasal, ekonomik, sosyal ve kültürel dengeleri tamamen değişir ve bozulur.

Bu bakımdan, Türkiye'nin yüksek nüfus potansiyeli Türkiye'yi tam üye yapmamanın ana nedenlerinden biridir. Eski F.Almanya, daha 1977 yılında Türkiye ile ilgili olarak hazırladığı bir iç raporda, bu konuya değinmiş ve Türkiye'nin üyeliğinin getireceği sorunlara nüfus açısından parmak basmıştır.

c) Türk ekonomisindeki istikrarsızlıklar ve Türkiye'nin tam üyeliğinin AB'ye getireceği mali yükler (AB içinde bölgesel gelir transferleri ve yardımlar) AB'yi üyelik konusunda ürküten başka bir nedendir. Almanya'daki Türkiye Araştırmalar Merkezi tarafından değişik dönemlerde hazırlanan raporlarda, "tam üye olmuş Türkiye'ye, AB sistemi içinde yapılması gereken yardımların AB bütçesini zorlayacağı" ve diğer üye ülkelerin, yüksek düzeyde mali özverilerini gerektirdiği gerçeği çıkmıştı.

AB'ye oranla, iç ekonomik istikrarsızlıkları düzeyde bulunan Türkiye, AB sistemi içinde sürekli ekonomik sorun yaratır. Eski üyelerin mali fedakarlıkla (yardımlar) artırır görüşü Dr. Eberhard Rhein gibi Türkiye'yi çok iyi bilen AB üst düzey yöneticileri arasında hakim yaygın olan görüştü. Uzun yıllardan beri, belli aralıklarla kendisiyle karşılaşıp konuştuğumda, "Türkiye mevcut ekonomik sorunları ile AB'ye tam üye olamaz" görüşünü sürekli tekrarlamıştır. Türkiye'nin, AB'ye oranla ekonomik istikrarsızlık sorunları (göreceli olarak) hep devam edecektir.

1981'de AB'ye tam üye olurken, Yunanistan'ın da büyük istikrarsızlık sorunları vardı. Ancak, AB'deki üst siyasi irade, bu sorunları öne çıkarmadı, çünkü Yunanistan'ı tam üye yapmak için AB'de siyasi kararlılık (veya irade) vardı. Yunanistan AB'nin başını bugün de ağrıtmaktadır. Biraz siyasal faktörler, biraz da Yunanistan'ın ölçeği, bu sorunlara tırmanmasını önlüyor.

Yukarıda belirtilen üç temel öğe, AB'nin Türkiye'yi tam üye yapmamasının esasını oluşturmaktadır. Bu şartlar da değişmeyeceğine göre (en azından ilk iki faktör), Türkiye'nin AB'ye tam üyeliği söz konusu olamayacaktır. 1970'li yıllardan beri, Brüksel yetkilileri ile defalarca görüşen bir kişi olarak, son yirmi yıl içinde Brüksel'in Türkiye'ye bakış açısında ve yaklaşmasında, sürekli aleyhimize değişmeler ortaya çıktığını rahatlıkla söyleyebilirim.

Dördüncü Bölüm

AVRUPA NEREYE GİDİYOR?

Soğuk Savaştan Sonra Batı Avrupa

Kendi yeni sınırlarını çizmeye başlayan, siyasal, ekonomik, sosyal askeri ve kültürel olarak da, halen Avrupa Birliği şemsiyesi altında "bütünleşmesini" istikrarlı bir biçimde ilerleten devletler topluluğudur.

Bugün "Avrupa" sözcüğü ile Avrupa Birliği (AB) anlaşılmaktadır. Halen 15 ülkeyi kapsamasına karşın, 12 üye için de, AB'ye alınmaları konusunda takvim belirlenmiştir. 2004-2005 yıllarında, üye sayısı çok büyük olasılıkla, 20 ülkeyi bulacaktır. AB'ye tam üye olmayan aday ülkeler,

- ya tam üyelik görüşmeleri başlatılarak AB ile bütünleşme süreci içine girmişlerdir,

- ya da, yapılan çeşitli anlaşmalarla, AB etki ve denetim alanı içine sokulmuşlardır.

1989'da Doğu Bloku'nun çökmesi ile birlikte Avrupa'nın Almanya, Fransa, İtalya, İspanya gibi büyük ve orta ölçekli ülkeleri,

- açılmakta olan yeni dünya pazarları karşısında ABD ve Japonya ile daha etkili rekabet edebilmek için,

- özellikle Asya üzerinde "stratejik çıkarlarını" daha iyi koruyabilmek için, AB içindeki bütünleşmeyi hızlandırdılar.

1992 Maastricht Antlaşması, AB açısından yeni dönemin başlangıcı oldu.

İngiltere'yi biraz farklı değerlendirmek gerekiyor. İngiltere, ABD ile birlikte, Ortadoğu ve Kafkasya dahil, dünya üzerinde stratejik ortak durumunda bulundukları için, İngiltere, "Kıta Avrupası'ndan" biraz ayrılmaktadır. AB içinde bulunmasına rağmen, "AB'nin hızla bütünleşmesine, en fazla direnç gösteren" ülkedir.

AB'nin para birliğine katılmamıştır. Almanya'nın Fransa'nın hızlı bütünleşme konusundaki çabalarını, "sürekli olarak, yavaşlatma" konumunda olmuştur. İngiltere, ABD ile dünya üzerindeki stratejik ortak çıkarları ile AB üyeliği arasında sıkışmış bulunmakta. İngiltere ile ilgili değerlendirmelerinde bulunan Brüksel'deki bazı bürokratlar (AB bürokratları),

- İngiltere AB içinde bir "Truva Atı"dır ifadesini kullanırlar.

- 2000 yılı içinde İngiliz Muhafazakar Parti Temsilcileri, "acaba AB'den ayrılıp NAFTA'ya mı girelim" diye parlamentoda konuşmalar yapabilmişlerdir.

AB içinde Almanya'nın "patronajı" büyümektedir Birkaç yıl sonra AB'ye alınacak olan Polonya, Çek Cumhuriyeti ve Macaristan'ın katılımlarından sonra, AB'nin ağırlığı, "orta ve doğu Avrupa yönünde" değişme gösterecektir.

Baltık'tan Bulgaristan'a kadar uzanan hat ile Orta Avrupa üzerinde, Alman etkinliğinin artması, kaçınılmaz bir sonuç olarak görülüyor.

Siyasal terminolojinin de, AB'nin doğuya genişleme sürecine göre, fiilen değiştirilmekte olduğunu görüyoruz. Eski Doğu Avrupa ülkelerinin bulunduğu bölge artık AB yayınlarında Orta Avrupa olarak anılmaya başlandı. Doğu Avrupa ise Rusya Federasyonu, Ukrayna ve Beyaz Rusya'yı kapsıyor.

Diğer bir deyişle, Avrupa'nın merkezi, biraz doğuya kaydırılmış oluyor. Bu hareket hem siyasal, hem de ekonomik anlamdadır. Avrupa, derinlemesine olduğu kadar doğu-batı coğrafyasında da "hareket ettirilmiştir".

Bir bakıma Almanya, yakın çevresindeki Avrupa (ve AB) ülkeleri ile, Avrupa'nın tam merkezine yerleşmiş olmaktadır.

Yarının Avrupası ile ilgili olarak, iyimser ve kötümser iki yaklaşım söz konusudur.

İyimser Yaklaşıma Göre Yarının Avrupa'sı

Bu yaklaşım, 1990'de Maastricht'te başlatılan yoğun bütünleşme sürecinin,

- Avrupa Birleşik Devletleri,

- veya Avrupa Devletleri Federasyonu yönünde, aksamadan devam edeceği varsayımını içerir.

Bu varsayımın öngörülerine göre, İngiltere de zaman içinde, süregelmekte olan AB bütünleşmesine, tamamen katılmak zorunda kalacaktır. Ayrıca, AB'nin dünya üzerinde ve ABD ve Japonya karşısındaki ortak ekonomik ve siyasal çıkarları, AB içinde, Almanya-Fransa rekabetini ve çekişmesini ikinci plana itecektir.

AB ekonomik, siyasal, sosyal ve askeri alanlarda bütünleşmesini, derinleştirerek sürdürecektir.

Bu iyimser varsayımın dayanak noktası şunlardır;

a) Yeni dünya düzeni, AB'nin ayakta kalması ve gelişmesini sürdürmesini, bu koşula bağlamaktadır. Zaman içinde, dış rakipler karşısında ortak çıkarlar daha da belirginleşecek, hatta kaçınılmaz hale gelecektir.

b) AB'nin Asya karşısında etkinliğini arttırması, kendi içinde bütünleşmesini devam ettirmesine bağlıdır. "Gevşek yapıdaki bir AB", Asya'da etkili olamayacağı gibi, ABD ve Japonya karşısında geriler.

Teknik deyimi ile, AB'nin "refah maksimizasyonu", kendi içindeki bütünleşmeyi kesiksiz sürdürmesine bağlıdır. Bu varsayım, gerçekçi bir varsayımdır. Çünkü 1990 sonrasını yeni döneminde ABD, NAFTA olarak bütünleşmektedir. Asya'da ise Çin ve Rusya yarın AB'nin karşısına siyasi olduğu kadar, ekonomik olarak da rakip olabileceklerdir.

Ayrıca Rusya Federasyonu'nun bulunduğu bölge petrol ve doğal gaz kaynakları bakımından, AB için yaşamsal öneme sahiptir.

c) Çok uluslu dev firmaların dünyada, aralarında birleşerek "süper dev firmalar" durumuna gelmeleri, AB bütünleşmesini gerektiren diğer bir unsurdur.

d) ABD'nin ve Japonya'nın ileri teknolojideki üstünlükleri karşısında AB, ancak yoğun bütünleşme ile rekabet etme gücüne sahiptir.

e) Askeri alanda AB'nin, yavaş yavaş ABD ve NATO patronajından kurtulmaları, AB ülkelerinin aralarında tam olarak bütünleşerek, "güçlü bir ortak ordu" kurmaları ile gerçekleşebilir.

Bu gerekçeler, AB'nin mevcut bütünleşme sürecinin aksamadan sürdürülmesini gerekli kılmaktadır.

Bütün bu gerekçelere rağmen, Almanya-Fransa rekabeti kızışabilir mi? İngiltere, ABD'nin de yardımı ile "daha gevşek" bir Avrupa

Birliği'nin ortaya çıkmasına yol açabilir mi? Bugünden bu soruların kesin yanıtlarını vermek çok zordur.

Ayrıca, 12 yeni üyenin, Nice doruğunda (Aralık 2000) belirlenen takvime göre, AB'ye alınmaları durumunda, AB içinde ne gibi sorunların yaşanacağını şimdiden tam olarak kestirmek çok zordur.

Bütün bunlar, "iyimser görüşün" önündeki belirsizlikler ve engellerdir.

Kötümser Görüş

Kötümser görüş ise, "AB'nin genişlemesinin, AB bünyesi içinde büyük sosyal, ekonomik ve politik sorunlar yaratacağı" varsayımı ile, AB içinde "zamanla daha da artacak olan Almanya egemenliğinin" doğuracağı sorunlar üzerinde oturtulmaktadır.

a) AB yeni ülkeleri içine aldıkça, zenginler ile fakirler arasındaki büyük fark yüzünden AB büyük sorunlarla karşılaşacaktır;

- zenginler, fakirlere yardımı iyice kısmak zorunda kalacaklar, zenginlerde fakirlere karşı tepkiler büyüyecektir,

- yeni girenlerin yaratacağı issizlik sorunları, rahat durumdaki eski üyelerin, genişlemeye tepki göstermelerine yol açacaktır,

- AB genişledikçe "daha heterojen bir AB" ortaya çıkacağı için, ortak ekonomik ve sosyal politikaların uygulanmasında sorunlar yaşanacaktır.

Bütün bunların sonucu olarak da AB içinde ve yanında "iki halka oluşacaktır". Birinci halkayı, muhtemelen 20 dolayında AB üyesi, ikinci halkayı da "diğerleri" meydana getirecektir.

Esas güç ve denetim birinci halkada, yani "birinci ligi" oluşturan ülkelerde bulunacak, ikinci ligdekiler ise "bağımlı olan fakirler grubu"nu meydana getirecektir.

Avrupa ve Orta Doğu uzmanı İngiliz Dr.Andrew Mango, bu görüşün hararetli savunucuları arasında bulunuyor(*).

İyimser ve Kötümser Görüşlerin Sonuçları ve Türkiye

Avrupa'nın yarınında "iyimser görüş" geçerli olduğu taktirde Türkiye kesinlikle AB'nin dışında kalacaktır. İyimser görüş, AB'de, Maastricht (1991) - Nice (2000) dorukları arasında süregelen eğilimin ve kararlığın yarın da devam etmesi anlamına gelmektedir.

Bu varsayım altında ileride, Avrupa birleşik Devletleri veya Avrupa Federal Devletleri (Avrupa Federasyonu) kurulmuş olacaktır. AB, ABD'nin tek rakibi konumuna gelebilecektir. Bu devletler topluluğu içinde, Türkiye, ölçeği ve sahip olduğu özellikler dolayısıyla bulunmayacaktır.

Kötümser görüş geçerli olduğu taktirde AB'nin içinde ve dışında iki halka oluşacaktır. İkinci lig ülkeleri birinci lig ülkelerine bağımlı konumda tutulacaklardır. Bu durumda, iki gurup arasında, sürekli olarak sorunların yaşanması söz konusudur.

Kötümser model içinde, Türkiye'nin ikinci halka için yer alması ihtimal dahilindedir.

Kötümser öngörü geçerli olur ise, Avrupa'nın dünya üzerindeki yeri "gerileme" gösterebilir. Yeni dünya düzenindeki rekabet ve çıkar

---

(*) Dr.Andrew Mango, son olarak 1999'da Atatürk kitabını yayınlamıştır. Türkiye, Orta-Doğu ve Avrupa üzerine çok sayıda kitabı ve makalesi bulunmaktadır. Uzun yıllar BBC'de görev yapmıştır.

çatışmalarının ortaya koyacağı koşullar, "gevşek bir AB yapısının" özellikle ABD karşısındaki durumunu zayıflatır.

Bu öngörülerden hangisinin üstün geleceği, biraz da, bugün öngörülemeyen gelişmelere bağlı olacaktır.

Dünden Bugüne Avrupa Birliği'nin Gelişimi

Yirminci yüzyılda iki dünya savaşını yaşayan Avrupa'nın büyük devletleri, son savaştan sonra Avrupa kıtasında bütünlüğü sağlamanın kaçınılmaz bir sorumluluk olduğunu gördüler.

Önce aralarında ekonomik işbirliğini geliştirip, "ortak ekonomik çıkarlar üzerine oturtulmuş" ve bu ortak ekonomik çıkarların lokomotif rolü üstleneceği bir ekonomik bütünleşme modelini tercih ettiler.

Bugünkü Avrupa Birliği (AB) 1957'de Roma Antlaşması ile kurulduğu zaman Avrupa Ekonomik Topluluğu (AET) adını taşıyordu. Altı Avrupa ülkesi (Fransa, B.Almanya, İtalya, Belçika, Hollanda ve Lüksemburg) tarafından kurulmuştur. Aynı altı ülke, 1951 yılında Avrupa Kömür ve Çelik Topluluğu (AKÇT)'nu kurarak, işbirliğinin ilk temellerini atmışlardı. Daha sonra da Avrupa Atom Enerjisi Topluluğu (Euratom) kurulmuştu.

Bu üç topluluk 1 Temmuz 1967'den itibaren bütünleştirildi ve tek bir Avrupa Topluluğu meydana getirildi.

1969 yılında yapılan "La Haye Zirvesi"nde alınan en önemli karar Topluluklara katılma talebinde bulunan İngiltere, İrlanda, Danimarka ve Norveç ile konuya ilişkin müzakerelerin başlatılmasının kabul edilmesidir.

İki yıl süren görüşmelerden sonra İngiltere, İrlanda ve Danimarka tam üye olarak, Topluluğa 22 Ocak 1972 tarihinde katılmış,

Norveç'in katılma Antlaşması ise, adı geçen ülkede yapılan bir referandum ile reddedilmiştir.

1976 yılında tam üyelik için başvuran Yunanistan'ın da Topluluğa katılmasıyla üye sayısı 1981 yılında 10'a çıkmıştır. 01.01.1986 tarihinde İspanya ve Portekiz'in de katılmasıyla Topluluğun üye sayısı 12'ye yükselmiştir. Son olarak 01.01.1995'te İsveç, Finlandiya ve Avusturya'nın katılımıyla üye sayısı 15'e ulaşmıştır. Türkiye 14 Nisan 1987 tarihinde Topluluğa tam üyelik başvurusunda bulundu ve reddedildi 17 Temmuz 1989'da Avusturya başvuruda bulunmuştur. 4 temmuz 1990'da Kıbrıs Rum Kesimi, 16 Temmuz 1990'a Malta, 1 Temmuz 1991'de İsveç, 18 Mart 1992'de Finlandiya, 26 Mayıs 1992'de İsviçre ve 25 Kasım 1992'de ise Norveç başvuruda bulunmuşlar ve bilindiği gibi Norveç referandum sonucu üyeliği reddetmiş, İsveç, Finlandiya ve Avusturya ise üye olmuştur.

Özellikle, 1991 Maastricht Anlaşmasının kabulünden sonra, AB kendine özgü bir "Konfederasyon" olma yolunda ilerlemeye başlamıştır. Bugün bir ekonomik topluluk olmaktan çok ötede; ortak dış politikası, ortak savunma politikası olan, kendine özgü, "uluslarüstü AB hukukunu oluşturan", ekonomik ve siyasi bir yapılanma içinde ilerlemektedir.

Avrupa Birliği'nin Kurumsal Yapısı (Asli Kurumlar)

Birliğin organları, Birliğin temel yapısını meydana getiren Konseyi, Komisyonu, Avrupa Parlamentosu, Adalet Divanı, Ekonomik ve Sosyal Komite'nin yanı sıra, Sayıştay ve Avrupa Yatırım Bankası gibi yardımcı kurumlardan oluşmaktadır. 1999'da da Avrupa Güvenlik ve Savunma Kimliği (AGSK) resmen oluşturulmuştur.

Bakanlar Konseyi Nedir?

Birliğin yasama ve karar alma sürecinde en önemli rolü üstlenen Konsey, üye ülkelerin Dışişleri bakanlıklarından oluşmakla birlikte, ele alınacak konuya göre diğer ilgili bakanlılıklarla da oluşturabilmekte ve temsil eden bakanların uzmanlık alanına göre adlandırılmaktadır. (Tarım, Ulaştırma, Ekonomi ve Mali İşler, Sanayi, Çevre Bakanları Konseyi gibi).

Avrupa Birliği Konseyi, Parlamenter demokrasilerde varolan parlamentonun yetkilerine eşdeğer yetkilere sahiptir. Dolayısıyla Topluluğun karar alma ve yasama organıdır. Konsey, Karar alma sürecinde, Avrupa Toplulukları Komisyonu tarafından hazırlanan tasarıları ele alır ve yasalaşmasını sağlar. Bu süreç içinde Avrupa Parlamentosu değişiklik önerisinde bulunabilir, ancak kesin karar Konsey'e aittir. Sonuç itibarıyla Konsey, Topluluğu şekillendiren, yöneten ve dış politikasını belirleyen organdır.

Bakanlar Konseyi kararlarını basit çoğunlukla, nitelikli çoğunlukla veya oybirliğiyle almaktadır. Nitelikli çoğunluğu gerektiren Konsey kararlarında üyelerin oyları, ekonomik ve politik durumları ile nüfuslarına göre belirlenen ve aşağıda belirtilen ağırlıklarıyla değerlendirilmektedir.

Almanya, Fransa, İtalya, İngiltere; 10'ar oy

İspanya; 8 oy

Belçika, Yunanistan, Hollanda, Portekiz; 5'er oy

Avusturya, İsveç; 4'er oy

Danimarka, Finlandiya, İrlanda; 3'er oy

Lüksemburg; 2 oy

Bu sisteme göre basit çoğunluk 44 oy, nitelikli çoğunluk ise 84 oydan 62'sini gerektirmektedir. Kararı bloke etmeye yetecek azınlık oyu ise 26'dır.

Bakanlar Konseyi'nin bazı yardımcı organları vardır:

Aralık 2000 Nice doruğunda, karar mekanizmasının değiştirilmesini sağlamak için yeni kararlar alınmış bulunuyor.

Daimi Temsilciler Komitesi; üye devletlerinin Avrupa Topluluğu nezdindeki büyükelçilerinden oluşmaktadır. Bakanlar Konseyi'ne yardımcı organ olarak çalışır. Konsey müzakerelerinin ön hazırlığını yapar ve faaliyetlerini düzenler. Konsey'de alınacak kararlar önce bu organda ele alınır. Burada çözüme bağlanan konularda., Konsey'de yeniden görüşme yapılmaz.

Devlet Başkanları Konseyi veya Avrupa Zirvesi; Roma Antlaşmasına göre Konsey, antlaşmalardan doğan hemen hemen tüm önemli sorunları karara bağlayan Avrupa Birliği'nin en yüksek organıdır.

Birlik, politikaları en yüksek seviyede ele almak ve sorunları çözümlemek üzere antlaşmada yer almamasına rağmen 1994'ten beri, Hükümet ya da Devlet Başkanları her altı ayda bir araya gelerek, "Devlet ve Hükümet Başkanları Konseyi"ni oluşturmaktadır; "Avrupa Zirvesi" adı verilen bu toplantılarda önemli politik konular görüşülmektedir.

Avrupa Birliği Komisyonu

Üye devletler hükümetlerince karşılıklı ortak anlaşmayla dört yıllık süre için atanan bağımsız, 20 Komiserden oluşmaktadır. Komiserlerin üye ülkelere göre dağılımı aşağıdaki şekildedir.

Almanya, İngiltere, Fransa, İtalya ve İspanya 2'şer üye

İrlanda, Belçika, Hollanda, Lüksemburg, İsveç, Finlandiya, Avusturya, Danimarka, Yunanistan ve Portekiz 1'er üye

Komisyon başkanı, Konsey tarafından, Komiserler arasından iki yıllık bir süre için atanmaktadır.

Komisyon, Topluluk politikalarının tasarlayıcısı, yürütücüsü ve koordinatörüdür.

Komisyon başlıca şu görevleri yapar;

- Komisyon, kurucu antlaşmaların koruyucusudur. Kurucu antlaşmaların ve organların almış olduğu kararların usulünce uygulanıp uygulanmadığı, ilgili tarafların yükümlülüklerini yerine getirip getirmediğini izlemekle görevlendirilmiştir.

- Yürütme organıdır. Roma Antlaşması'ndan kaynaklanan yürütme yetkilerinin yanı sıra, ortak politikaların oluşturulması ve yürütülmesi görevini de üstlendiğinden, bu yetkilerinde bir artış olmuştur. Topluluğu hukuken temsil eder. Topluluk fonlarının idaresi görevi de Komisyon'a aittir.

Avrupa Parlamentosu

Avrupa Parlamentosu'nun temelleri ilk kez 1952'de toplanan 78 üyeli AKÇT Ortak Parlamentosu'dur. Avrupa Topluluğu'nun oluşmasından sonra bu Ortak Parlamento 1958'de unvanını Avrupa Toplulukları Parlamenterler Meclisi diye değiştirmiş ve 142 üyesi ulusal parlamentolarca tayin edilmiştir.

410 üyenin doğrudan seçimleri 1979 yılında olmuştur. Yunanistan ve sonra İspanya ile Portekiz'in katılmalarından sonra Meclis'te üye sayısı 518'e çıkmıştır. 1994 seçimleriyle 567 üyeye genişleme ise Alman üyelerin sayısının eski doğu Alman üyelerin

katılımıyla artmasından kaynaklanmaktadır. İsveç, Finlandiya ve Avusturya'nın katılımıyla üye sayısı 626'ya ulaşmıştır.

Parlamentonun faaliyetleri üç şehirde cereyan etmektedir. Strasburg, Brüksel ve Lüksemburg. Her ay ortalama 4-5 gün süren genel kurullar Strasburg'da yapılır. İlave genel kurulların da yapıldığı ve her ay iki hafta süren ihtisas komisyonu toplantıları Brüksel'de yapılır. 3500 görevli tarafından idari işlerin yürütüldüğü Parlamentonun idari personelini büyük kısmı Lüksemburg'da yerleşmiş bulunmaktadır.

AB Parlamentosunun temel karar-alma organları, başkan ile başkan yardımcılarından oluşan divan ve divan üyeleriyle siyasi grup liderlerinden oluşan Genişletilmiş Başkanlık Divanı'dır. Bunlar beraberce komisyonlardan gelen raporların değerlendirildiği, Konsey ve Komisyon'a acil soruların yöneltildiği, çok defa ilgili bakanları ile komiserlerin (Komisyon üyeleri) katıldığı ve Birlik politikalarının tartışılıp oylandığı genel görüşmelerin yer aldığı Genel Kurulun gündemini kararlaştırırlar.

AB Parlamentosu'nun yetkilerini üç başlık altında toplamak mümkündür.

a) Topluluk mevzuatının oluşturulmasındaki yasama sürecine katılma yetkisi

Avrupa Parlamentosu'nun yasamaya ilişkin yetkileri görüş bildirmekte sınırlı olup, bağlayıcılığı bulunmaktadır.

Avrupa Parlamentosu, AB'nin tam anlamıyla yasama organı olamamakla birlikte, birçok hususta, Konsey karar alırken, Parlamentoya danışmalıdır (zorunlu danışma-mandatory consultation).

Tek Senetle (Single Act) mevzuat oluşturma yönünde Parlamentoya ortak karar yetkisi (co-decision) tanımıştır. Bu yeni düzenleme ise "işbirliği prosedürü (co-operation procedure)" olarak adlandırılmaktadır.

Tek Senet'le, Roma Antlaşması'nın tam üyelikle ilgili 237. maddesine, Topluluğa katılmalar konusunda Avrupa Parlamentosu'nun mutlak oy çokluğuyla vereceği olumlu görüşün dikkate alınacağına dair bir hüküm eklenmiştir.

b) Bütçeye ilişkin yetkiler

AB bütçesi ancak Konsey ile Parlamentonun işbirliği halinde kesinleştirilebilmektedir.

c) Komisyon ve Konseyi denetleme yetkisi

Avrupa Parlamentosu, AB yasama ve yürütme yetkilerinin kullanımını demokratik şekilde denetler ve AB'nin işleyişini kontrol eder.

Parlamento, Konsey ve Komisyonu denetleme yetkisini bu organlara yönelttiği yazılı ve sözlü sorular ile genel görüşme talepleri yoluyla yerine getirmektedir. Parlamento ayrıca, Komisyon'un yıllık raporunu görüşmekte, AB bütçesinin bazı harcama kalemlerinde tadilat yapabilmekte, üçte iki çoğunlukla Komisyonu görevden alabilmektedir.

1991'deki Maastricht Antlaşması Parlamento'nun yasama yetkisini ortak karar alma prosedürü ile daha da arttırmıştır. Eğer Parlamento, Konsey'in ortak tutumunu ikinci görüşmede değiştirmeye veya reddetmeye karar verirse, Parlamento ve Konsey bir anlaşmaya verebilmek üzere Uzlaşma Komitesi'nde bir araya gelirler. Uzlaşmaya varılmadıkça öneri benimsenmez. Böylece yasama sorumluluğu Parlamento ile Konsey arasında paylaşılır.

626 sandalyeli Avrupa Parlamentosu'nda en geniş grubu 221 sandalye ile Sosyalistler, ikinci büyük grubu ise 173 sandalye ile Hristiyan Demokratlar oluşturmuştur. Liberaller 53 sandalye ile üye sayısını korumuşlar, Yeşillerin üye sayısı 22'ye düşmüş, aşırı sağcılar ise 14 sandalye ile grup kurma imkânından mahrum kalmışlardır. (1994 yılında yapılan seçimler itibariyle)

AB Adalet Divanı

Adalet Divanı, AB'nin en yüksek hukuksal organ niteliğini taşımaktadır. Lüksemburg'da 7 Ekim 1958 tarihinde kurulmuştur.

Divanda görevli yargıç sayısı yeni üyelerin 1.1.1995'te katılımıyla 13'ten 16'ya çıkması gerekirken, her durumda karar alınabilmesi için bu sayının 15 olmasına kara verdi.

Avrupa Birliği Adalet Divanı'na altı savcı yardımcı olmaktadır. Yargıçların sahip oldukları niteliklere savcıların da haiz olmaları gerekmektedir. Fransız hukukundan alınmış bu savcılık kurumunun üyeleri altı yıl için seçilirler. (Süreleri yenilenebilir).

Adalet Divanı tek dereceli ve nihai yargı organı olup kararlarının temyizi mümkün değildir. Adalet Divanı kararını uygulamaya çağrılan bir ulusal mahkemenin, bu kararın geçerliliğini tartışması olanağı bulunmamaktadır. Türkiye de, Gümrük Birliği'ne girdiğinden, GB ile ilişkin bütün Divan kararlarına uymakla yükümlüdür. Bu bakımdan, Adalet Divanı'nın kararları, Türkiye Büyük Millet Meclisi'nin iradesinin üzerindedir. (6 Mart 1995 kararının 64. maddesi.)

AB Kurumlarında Üye Ülkelerin Oy veya Temsilci Sayısı

Üye Ülkeler	Avrupa Parlamentosu (Üye Sayısı)	Konsey (Üye Sayısı)	Komisyon (Üye Sayısı)
Belçika	25	5	1
Danimarka	16	3	1
Almanya	99	5	1
Yunanistan	25	5	1
İspanya	64	8	2
Fransa	87	10	2
İrlanda	15	3	1
İtalya	87	10	1
Lüksemburg	6	2	1
Hollanda	31	5	1
Portekiz	25	5	1
İngiltere	87	10	2
Avusturya	21	4	1
Finlandiya	16	3	1
İsveç	22	4	1
Toplam	626	87	20

Kaynak: www.europa.eu.int

Avrupa Birliği'nin Diğer Kurumları

Ekonomik ve Sosyal Komite

AB'nin temel organlarına ek olarak danışma nitelikli bir komitedir. Ekonomik ve sosyal yaşamın çeşitli kesimlerinin ve özellikle üreticiler, çiftçiler, taşıma işi yapanlar, işçiler, esnaf ve sanatkarlar, serbest meslek sahipleri ve toplum çıkarlarının temsilcilerinden oluşmaktadır. Komitenin toplam üye sayısı 222'dir.

Sayıştay

Sayıştay'ın görevi AB'nin ve bağlı kuruluşların gelir ve harcamalarını incelemek, onların yasalara uygun şekilde yürütülmesini sağlamaktır.

Her ülkeden bir temsilci olmak üzere toplam 15 üyesi bulunmaktadır. Bu üyeler Avrupa Parlamentosu'nun görüşü alındıktan sonra altı yıl süreyle Bakanlar Konseyi tarafından seçilir.

Avrupa Yatırım Bankası

Avrupa Yatırım Bankası, Avrupa Birliği'nin uzun vadeli krediler veren mali kuruluşu niteliğindedir. İşlemlerinde kar amacı gütmez. Faaliyet alanı Birlik üyeleri haricinde 70 kadar gelişmekte olan ülkeye de genişlemiştir.

Roma'da bir ofisi, Brüksel'de bir temsilciliği ve Londra'da bir irtibat bürosu bulunmaktadır.

Bankanın 15 üyesi vardır ve AB üyesi ülkelerden oluşmaktadır.

Avrupa Yatırım Bankası, sermaye piyasalarına ve kendi kaynaklarına başvurarak, Topluluğun yararına Ortak Pazarın dengeli biçimde ve aksaksız kalkınmasına yardımcı olmaya çalışır.

Tek Avrupa Pazarı

Kuruluş Antlaşması'nca öngörülen ekonomik bütünleşmenin temellerini Gümrük Birliği Anlaşması ile atan Avrupa Birliği, Temmuz 1987'de yapılan ek düzenlemelerin ışığı altında, "Tek Avrupa Senedi" ile yeni bir döneme girmiştir. Bu dönemin özellikleri, karar alma mekanizmasına ivme kazandıracak olan oy çokluğu ilkesinin kabulü, demokratik Avrupa Birliği'nin oluşturulması yolunda Avrupa Parlamentosunun yetkilerinin artırılması ve yeni politikaların belirlenmesidir. AB geçen dönem içinde önemli ilerleme sağladı.

Roma Antlaşması'nın, Tek Avrupa Senedi ile getirilen değişiklikler çerçevesinde düzenlenen, yeni 8A, 8B ve 8C maddeleri (Tek Senedin 13, 14 ve 15. maddeleri) iç pazarın tanımının yapıldığı ve bu pazarın kuruluşu ile ilgili prensiplerin düzenlendiği maddelerdir. Antlaşmanın yeni 100A ve 100B maddelerinde ise, bu hedeflerin gerçekleştirilmesinde kullanılacak yeni "uygulama mekanizmaları" hükme bağlanmıştır. (Ağırlıklı oy çokluğu hesaplaması 54/76)

8A maddesinde Topluluğun amacının, 31 Aralık 1992 tarihinde sona eren dönem süresince "iç pazarın aşamalı olarak kuruluşunu sağlamak" olduğu ifade edilmiş ve iç pazarın "malların, kişilerin, hizmetlerin ve sermayenin Roma Antlaşması hükümlerine uygun olarak serbest dolaşıma kavuşturulduğu iç sınırlardan arındırılmış bir alan" olduğu belirtilmiştir.

Tek Pazar programı çalışmaları kapsamında, Avrupa Tek Senedi'nin 8A maddesi gereğince, Topluluk sathında malların sermayenin, kişilerin ve hizmetlerin üye ülkeler arasında her hangi bir engel olmaksızın serbest dolaşımının sağlanması için alınacak tedbir ve düzenlemeler tamamlanmış ve "Avrupa Tek Pazarı" 1 Ocak 1993 tarihi itibariyle işlerlik kazanmıştır.

Maastricht Antlaşması

14-15 Aralık 1990 tarihinde düzenlenen zirvede Maastricht Zirvesi için hazırlıklar gerçekleştirilmiş ve "Avrupa Birliği"ni hızlandırıcı kararlar alınmıştır.

Nihayet 9-10 Aralık 1991 tarihinde Maastricht'de toplanan Devlet ve Hükümet Başkanları Konseyi "Avrupa Birliği Antlaşması" üzerinde mutabakata varmıştır. Böylece Avrupa Birliği'nin hukuki temelleri atılmıştır. Söz konusu hukuki dönüşüm, 1957 yılında imzalanan Roma Antlaşması'nı Tek Senet'ten sonra bir kez daha değiştiren ve siyasi ve ekonomik nitelik taşıyan biri Siyasi Birlik ve diğeri Ekonomi Birliğe ilişkin olmak üzere iki sözleşmenin Topluluğa üye ülke Devlet ve Hükümet Başkanları tarafından paraf edilmesiyle sağlanmıştır.

Maastricht Antlaşması ile üye ülkelerin oluşturduklar, Topluluğa "Avrupa Birliği" adı verilmiş ve Roma Antlaşması metninde geçen AET ifadelerinin AT şeklinde değiştirilmesi esası getirilmiştir. Ayrıca, Antlaşma kapsamında kararlara mümkün olduğunca vatandaşlar tarafından alınması Avrupa halkları arasında daha sıkı bir birlik oluşturulması öngörülmüştür.

Maastricht Antlaşması'na bir bütün olarak bakıldığında, AB'nin çok daha ileri bir entegrasyon düzeyi kazanması yolunun açılmış bulunduğu görülmektedir. Bu çerçevede Topluluk düzeyinde ele alınacak konular çeşitlendirilmiş ve sayıları arttırılmış, ortak dış politika ve savunma ve güvenlik politikasının Topluluk çerçevesinde daha bütüncül bir şekilde ele alınması kararlaştırılmış, Onikiler vatandaşlarının diğer AT üyesi ülkelerde yaşamalı halinde temel sosyal ve siyasi haklarının garanti altına alınması anlayışını yansıtan "Avrupa Vatandaşlığı" kavramına anlaşmada yer verilmiş, içişleri ve adli konularda işbirliği düzeyinin arttırılması benimsenmiş ve "Subsidiarite" ilkesi çerçevesinde yerel ve bölgesel idarelerin karar verme sürecine daha yakından dahil edilmelerinin yolu açılmıştır.

1993 yılı içinde Topluluğa üye 12 ülkede Maastricht Antlaşması'nın onaylanmasının ardından 1 Kasım 1993 tarihi itibariyle Antlaşma yürürlüğe girmiş ve böylece yüzyılın sonunda tamamlanması planlanan Ekonomik ve Parasal Birlik Programı resmen kabul edilmiştir. Artık AB, kendine özgü bir Konfederasyon konumuna gelmiştir. 1993'den itibaren AB'de meydana gelen gelişmeler bunu göstermektedir.

AB'de Ekonomik ve Parasal Birlik (EPB)

Ekonomik ve Parasal Birliğin temel amacı, AB ülkelerinin ekonomik standartlarını birbirlerine yaklaştırmak ve Birlik bünyesinde sağlıklı gelişmeyi destekleyecek kalıcı bir fiyat istikrarı sağlamaktır.

Üye ülkeler ekonomi politikalarını ortak çıkar konusu olarak kabul edip Konsey içinde koordinasyon sağlayacaklardır.

1.1.1994'de üçüncü aşamaya geçişle birlikte birliğin tek parasal organı, yani Avrupa Merkez Bankası kimliğine dönüşecek olan bir Avrupa Para Enstitüsü kurulmuştur.

Maastricht sonrasında AB, artık yalnızca ekonomik ve parasal birlik alanında değil, politik birlik alanında da entegrasyon için önemli adımlar atmaya başlayınca "Konfederasyon'un" temelleri de ortaya çıkmaya başladı.

Siyasi Birlik Konusu

9-10 Aralık 1991 tarihlerinde Maastricht'de gerçekleştirilen Avrupa Zirvesi, bir Ekonomik ve Parasal Birlik Antlaşması ile sonuçlanırken, Siyasi Birlik alanında da gelişmeler kaydedilmiştir. Siyasi Birlik doğrultusundaki gelişmelerin bazılara, Avrupa vatandaşlığı, ortak savunma politikası gibi alanlarda gerçekleştirilmiştir.

Bu alanda kararlar esas olarak oybirliğiyle alınacak, ancak bazı konularda çoğunluğun görüşleri de göz önünde bulundurulacaktır.

Topluluğa üye ülkeler, egemenlik devri konusunda farklı yaklaşımlara sahip olduklarından, Siyasi Birlik Antlaşmasına karşı olan tutumları da farklı olmuştur. Almanya, Fransa, Belçika, Lüksemburg ve Hollanda bu alanda da ileri düzeyde bütünleşmeyi savunurken, İngiltere ve Danimarka buna karşı bir tutum sergilemişlerdir. Bu ülkeler Maastricht Zirvesi'nde belli bir uzlaşmaya varmışladır.

Artık Batı Avrupa Birliği (BAB) AB'nin savunma alanındaki ortak örgütü haline gelmişti.

1995-2000 Döneminde AB

1995-2000 döneminde AB, hem derinlemesine hem de genişlemesine değişikliklere uğradı. 1994 Essen doruğunda, geleceğin Avrupa'sının, ya da Avrupa Birleşik Devletlerinin sınırları belirlenmiştir. Bu zirvede 27 ülke sayılmış, ancak Türkiye'nin adı hiç geçmemiştir. Türkiye konusu, tartışmaya bile açılmadı.

1.1.1995'te İsveç, Avusturya ve Finlandiya AB'ye tam üye oldular ve AB'de ülke sayısı (15)e çıktı. Norveç kendi isteği ile AB'nin dışında kaldı. Yapılan "zirve toplantıları" kentlerin adları ile anıldı. 1993'teki Kopenhag zirvesinde, yeni girecek adaylar için ekonomik ve siyasal kriterler belirlenmişti (Kopenhag Kriterleri).

- Demokrasi, hukukun üstünlüğü, insan hakları, azınlık hakları siyasal kriterlerdi.

- Ekonomik olarak da piyasa ekonomisi ve rekabet, ön koşullardı.

- Öte yandan, üyelikten doğacak yükümlülükleri yerine getirebilecek bir yapı ve yeterliliğin bulunması öngörülmekte idi.

1996'da Gündem 2000 olarak adlandırılan AB yayınında, bu ölçütler ayrıntılı olarak ortaya kondu.

1995-2000 arasında AB yeni iç kurumlaşmalara gitti. Lüksemburg, Cadiff, Viyana, Köln, Helsinki, Nice gibi zirvelerde önemli kararlar alındı.

- Parasal birlik derinleştirildi. AB para birimi Euro oluşumu belirlendi.

- AB Merkez Bankası'nın kuruluşu ile ilgili önemli adımlar atıldı.

- Siyasal ve idari kurumların yetkileri genişletildi. AB Bakanlar Konseyi ile AB Parlamentosu arasında, yavaş yavaş Parlamento'nun etkinliğini arttıracak yönde gelişmeler oldu.

- AB'nin Silahlı Kuvvetleri, Avrupa Güvenlik ve Savunma Kimliği (AGSK) adı altında kuruldu. Bu kurumun, 2003 yılına kadar 60.000 kişilik bir ordusunun oluşturulması kararı alındı. AB artık ABD'nin (ve NATO'nun) patronajından yavaş yavaş ayrılmak istiyordu. Fransa bu "istekte", başı çeken ülke oldu.

AB, Ekim 1999'da "yeni genişleme politikası" ile, inisiyatifi tamamen Brüksel'in eline veren kararlar aldı.

- Yeni adaylarla ayrı ayrı görüşülecekti.

- Tam üyelik görüşmelerine başlanıncaya kadar AB, adaylara karşı, bir mali yükümlülük altına girmeyecekti.

- En önemlisi, aday ev ödevini tamamlamış olsa bile, "adayın AB'ye tam üye olması, AB içinde ekonomik, sosyal sorunlara yol açıyorsa, aday içeri alınmayacaktı".

AB 1995-2000 yıllan arasında ekonomik, siyasal, kurumsal ve askeri alanlarda, bütünleşme yolunda önemli adımlar atmıştı. AB üyeleri arasında ortaya çıkan sorunları, böylesine büyük ve kapsamlı bir bütünleşme hareketinde çok doğal karşılamak gerekir.

Almanya ve Fransa bu değişim süreci içinde yavaş yavaş öne çıkan ülkelerdi. 2000'li yıllarda "Doğuya" genişleme ile birlikte Almanya, AB içindeki egemenliğini biraz daha genişletmiş olacaktır. İngiltere ise, AB'nin bütünleşmesinin "yavaşlatılması" için çaba gösteren ülke oldu. Parasal Birliğe girmedi. İngiltere, İkinci Dünya Savaşı'nda yendiği Almanya'nın, "yarın AB içinde, kendi patronu olmasını istemiyordu".

Ayrıca bu patronluk, Fransa tarafından da kısmen paylaşılacaktı. Dünün "güneş batmayan" İngiliz İmparatorluğu, yarın Almanya'ya (ve Fransa'ya) bağımlı bir duruma düşemezdi.

AB yine de, 1995-2000 yıllan arasında kendi bütünleşmesi bakımından iyi bir performans göstermiştir.

2000'in son ayında yapılan Nice doruğunda, 2000'li yıllarda AB'nin iç bütünleşmesi ve genişlemesi bakımından gerekli olan "planlama", ortaya konmuştur.

-Siyasal birlik ve yeni kurumlaşmalar,

-Ekonomik ve parasal birlik,

-Askeri bütünleşme

- Ve genişleme konularında, 2010 yılına kadar ortaya konacak politikalar konusunda, görüş birliği sağlandı.

Türkiye 1999'da aday yapılmasına rağmen, bu adaylığın sadece biçimsel bir unvan olduğu, Nice doruğunda da görüldü. Diğer 12 aday için takvim belirlenmesine karşın Türkiye'ye, "sizinle 2010 yılında tekrar değerlendirme yapacağız" dendi.

Avrupa Birliği'nin Dış Dünya İle İlişki Düzeni

Sovyetler Birliği çökünceye kadar AB'nin dış dünya veya üçüncü ülkelerle ilişkileri, "belirli sınıflamalar çerçevesinde" yürütülmüştür. Bu ilişkiler dizisinin

- Tarihsel,

- Coğrafi,

- Kültürel, dini,

- ve stratejik faktörlere göre sınıflandırılmaları

mümkündür.

Tarihsel açıdan bakıldığında, AB ülkelerinin "eski sömürgeleri" ile olan ilişki düzeni ile karşılaşırız.

Fransa, İtalya, Belçika, İngiltere, Hollanda, İspanya gibi ülkeler geçmiş yüzyıllardaki sömürgeleri ile AB arasında "imtiyazlı ticari ve ekonomik anlaşmalar" yapılmasını sağlayarak, eski sömürgelerin AB şemsiyesi altında, "AB'nin etki alanı içinde" yer almalarını sağlamışlardır.

1963'te YAOUNDE Sözleşmesi ile Afrika sömürgeleri etki alanı içinde tutulmuşlardır. 1971'de uygulamaya konan ARUSHA sözleşmesi ile de İngiltere'nin Afrika'daki sömürgeleri üzerinde denetim sağlandı. 1975'deki LOME sözleşmesi ile Afrika, Karayipler ve Pasifik (ACP) bölgesini kapsayan çok geniş bir bölge, AB'ye bağlanmış, diğer bir deyişle "AB himayesi altında" tutulmuş oldu.

Ticari ve ekonomik çıkarlar işin odak noktasını oluşturmasına rağmen, doğal olarak bu ilişki düzeyinin siyasal ve kültürel sonuçları ortaya çıkmıştır. Politik ifadesi ile, eski sömürgeler, AB şemsiyesi altında yeniden sömürgeleştirildi.

Fas'tan Ürdün'e kadar uzanan geniş bir alan içinde de, 1960'lı yılların başından itibaren ikili ticari anlaşmalar yapılmış, daha sonra da, AB dışı bütün Akdeniz bölgesini içeren geniş kapsamlı bir politika uygulamaya konmuştur. 1991'de "Avrupa-Akdeniz Ekonomik Alanı", MEDA Çerçevesinde, AB'nin çok önem verdiği bir husus oldu.

MEDA ile Orta Doğu arasındaki ilişki 1990'lı yılların başında AB'nin Akdeniz bölgesine verdiği önemi genişletmesinde şu faktörler etkili oldu.

a) Körfez Krizi sonrasında Amerika (ve İngiltere) Arap Ortadoğusunu, yani ana petrol bölgesini tamamen denetimleri altına aldılar. Kıt'a Avrupa'sının büyükleri ve Rusya bölgeden ayrıldı. ABD Körfez'deki bu egemenliğine karşılık AB'nin Akdeniz Havzası'nda etkinliğini arttırmasına "göz yummak" zorunda kaldı.

Çünkü Akdeniz Havzası, hem AB'nin güneyindeki "doğal uzantısı" konumundadır, hem de AB üyelerinin bazılarının "eski sömürgeleri" bu bölgede bulunmaktadır.

b) 1990 sonrasının "Doğu Bloksuz" ve tek boyutlu dünyasında AB de "dünyaya ve bu arada Akdeniz bölgesine bakış açısını" değiştirmek zorundaydı. AB artık, daha geniş boyutlarda bakacaktı. O zaman Akdeniz Havzası, "Avrupa-Asya ve Afrika kıtalarının birleştiği bölgede, stratejik bir önem kazanıyordu AB buraya 1991'den itibaren, verdiği önemi büyüttü.

MEDA, Fas'tan Türkiye'ye kadar Kuzey Afrika (Libya Hariç) ve Doğu Akdeniz (Suriye hariç) ülkelerini kapsamaktadır.

MEDA, Türkiye'nin AB ile kurumsal ilişkilerinde, 1995 Gümrük Birliği bağlantısısın yanında, ikinci ayağı oluşturmaktadır. Bilindiği gibi 1995 Gümrük Birliği belgesi "tek yanlı" bir belgedir, ortak katılımlardır, ancak işin özünde, "eski sömürgelerle AB arasında kurulan ve ekonomik olarak fiilen tek yanlı işleyen bir düzen" bulunmaktadır. Bu açıdan Türkiye'nin MEDA içinde "varlığı" da, AB'nin eski sömürgelerinin statüsünde olmaktan ibarettir.

AB'nin üçüncü ülkelerle kurduğu ilişki düzeninde Avrupa coğrafyası belirleyici öğelerden birisi oldu.

AB, Avrupa (ve AB) coğrafyasının yakın çevresi ile yakın ilişki düzeni kurdu. Bir kısmını içine almaya hazırlanıyor, bir kısmını da "etki-nüfuz olanı" içinde bulundurmak istiyor.

a) Balkanlar bölgesindeki bazı ülkeleri içine alacak. Şimdilik kesinleşenler Romanya, Bulgaristan, ve Slovenya.

İleri yıllarda Hırvatistan ve Yugoslavya da gündeme gelecek Türkiye, Müslüman Balkan ülkeleri ile, içeriye alınmadan "özel ilişki düzeni" içinde bulunacak.

b) Eski Doğu Avrupa ülkelerinden Polonya, Çek Cumhuriyeti, Macaristan, ilk etapta girenler oluyor.

c) Yukarıda da açıklandığı gibi, AB dışı Akdeniz ülkeleri ile, coğrafya'nın da bir gereği olarak, MEDA şemsiyesi içinde, özel ilişki düzeni yürütülecek.

AB coğrafyası, çevre ülkelerinin,

- bir kısmının içeri alınması,

- bir kısmının da AB denetimi altında tutulmasını gerektirmektedir.

İleride AB'nin savunma gücü AGSK geliştiği zaman, coğrafi olarak tampon bölgede bulunan ülkelerle, ekonomi yanında, askeri ilişkiler de geliştirilecek.

Din ve Kültürün Etkisi; AB üçüncü ülkelerle ilişki düzenini kurarken, AB'ye göre Avrupa (ve Batı) kültürü kapsamında olan ve Hristiyan olan ülkeler "ayrıcalıklı bir konumda" bulunmaktadırlar.

AB'nin yeni genişleme sürecinde din ve kültür faktörü çok büyük etkiye sahiptir. Örneğin, Bulgaristan Müslüman bir ülke olsa, bugünkü düzeyi göz önüne alındığında, tam üyelik için takvim verilebilir miydi?

AB, açık olarak ortaya koymuş olmasa bile, bir boyutu ile "bir Hristiyan kulübüdür" AB, geleceğin Avrupa Birleşik Devletleri olarak, kendi kültürel ve dini bütünlüğünü ve homojenliğini de düşünmek zorundadır.

Hele 1990 sonrasında gelişmeye başlayan, "Avrupa Avrupalılarındır" düşünce ve anlayışı göz önüne alındığında, ileride din ve kültür öğeleri, daha da büyük etkiye sahip olacakladır.

Stratejik Faktörler; ABD ve Japonya gibi büyük rakipleri ile, ekonomik ve ticari savaş sürerken, oyunu kuralların dışına fazla taşırmamak için, çok dikkatli ve hassas ilişkiler zinciri oluşturulmuştur. Bu zincirin tepedeki halkasında Dünya Ticaret Örgütü ve (G7)'ler bulunmaktadır.

Çin gibi, Asya'da büyük stratejik önem taşıyan bir ülke ile Haziran 2000 yılında, imtiyazlı bir ticaret anlaşması imzalanmıştır.

Benzer nitelikte anlaşmaların Hindistan ve Latin Amerika ülkeleri ile eski yıllarda yapıldığını görüyoruz.

AB, büyük enerji kaynaklarına sahip az-gelişmiş ülkelerle de, imtiyazlı ticari ve ekonomik anlaşmalar gerçekleştirme çabası içindedir.

Batı dışındaki bütün ülkelerle yapılan anlaşmalarda stratejik olarak şu gerekçeler en önde gelmektedirler;

- O ülkenin (ve bölgenin) iç pazarına yerleşme,

- Enerji kaynağını kullanabilme veya denetleyebilme.

AB, uzun vadede, geleceğin büyük bir dünya gücü olma hedefine yönelik olarak, üçüncü ülkelerle ilişki düzenini geliştirmektedir.

- Avrupa siyasi ve kültürel coğrafyası içinde bulunduğuna inandığı ülkeleri içine almaktadır. Örnek; eski Doğu Avrupa ülkeleri.

- Yakın çevrede, içine alamayacağı ülkeleri, "etki alanı içinde" tutabilmek için, özel, imtiyazlı anlaşmalar yapmaktadır. Örnek: Kuzey Afrika ülkeleri.

- Uzak coğrafyada bulunan ülkelerle de (Çin, Hindistan gibi) ikili imtiyazlı anlaşmalar gerçekleştirmektedir.

Türkiye bu konuda en şansız olan ülke konumundadır. 1995 AB Türkiye ile, tamamen tek yanlı ve AB egemenliğine dayalı bir ilişki düzeni kurmuştur. Karşılıklı haklar bakımında Türkiye, Kuzey Afrika ülkelerinin gerisindedir.

Türkiye'yi Tunus ile karşılaştıralım; AB Tunus ile imtiyazlı ticaret anlaşması yapmıştır. Sanayi ürünleri gümrüksüz dolaşırlar. AB bir üçüncü ülkeye, örneğin Irak'a ya da Japonya'ya ticaret ambargosu koyarsa Türkiye buna uymak zorundadır. Tunus için böyle bir yükümlülük yoktur. Türkiye AB'nin dış ticaret politikasına, 1995 belgesine göre uymakla yükümlüdür.

Yarının Avrupası

2002 itibariyle 15 üyeli Avrupa Birliği'ne baktığımızda, 3 üye dışındakilerin kişi başına milli gelirleri 20 bin dolar ile 35 bin dolar arasında seyretmektedir. Üst sıradaki AB ülkelerinin kişi başına yıllık gelirleri, hemen hemen ABD ve Japonya düzeyindedir.

AB bugün bir refah toplumudur. Gelir düzeyi çok yüksek bir "orta tabaka" topluma egemendir. Sosyal güvenlik sistemi çok gelişmiştir.

Afrika'da kişi başına yıllık gelirin 300 doların altında, Çin'de 800 dolar dolayında, Hindistan'da 400 dolar olduğu göz önüne alındığında Avrupa Birliği büyük bir fark ile, ileri düzeydedir. ABD,

Japonya ve AB, dünyanın kalan kısmının ortalamalarının çok üzerinde bulunuyor.

Bu görünüm içindeki Avrupa Birliği'nin ve AB'nin içinde yaşayan halkların yarına bakışlarını etkileyen öğeler neler olabilir?

a) Mevcut refah düzeyini korumak ve geliştirmek.

b) Açılmakta olan dünya pazarları karşısında payını genişletmek.

c) Özellikle, ABD'nin dünya üzerindeki "stratejik egemenliği" altında ezilmeden, ABD ile her alanda başa çıkacak bir konuma gelmek. Bunun için de, AB silahlı gücünden ortak dış politikaya ve iç bütünleşmeden kültürel kimlik bütünlüğüne kadar her alanda başarılı olmak için gerekenleri yapmak.

1990-2000 dönemi göz önüne alındığında AB bütün bu alanlarda, hızlı bir bütünleşme çabası içindedir ve başarılı da olmuştur.

Avrupa Birliği, sınırlarını çizdiği ve üyelerini belirlediği yarının Avrupa'sında, Avrupa Birleşik Devletleri olarak ABD ve Japonya karşısına çıkmak zorundadır.

ABD ve Japonya "tek devletler olarak", ekonomik alanda daha hızlı ve etkili manevra gücüne sahiptirler. AB de yarın, tek bir birim gibi, tek bir devlet gibi hareket edebilmek için, "uluslarüstü kurumlarının" ekonomik, sosyal, siyasal ve askeri yetkilerini arttırmaktadır.

Ulusal egemenlik haklan yavaş yavaş AB'nin uluslarüstü kurumlarına devredilmeye başlandı. Her ne kadar İngiltere, Danimarka gibi bazı üyeler (ve halkları), bu konuda fazla hoşgörülü davranmıyor iseler de, zaman içinde diğerlerine uyacaklardır.

Çünkü Avrupa dünyada yalnız değildir, karşısında ABD ve Japonya gibi devler bulunmaktadır. Bu devlerle uluslararası alanda yarışabilmesi için, gelecekte Avrupa Birleşik Devletleri'ni kurmak zorundadır.

AB, dünya ölçeğinde daha gerilere gitmek istemiyorsa, bu gerçeğin gerektirdiği çabayı ve özveriyi göstermek zorundadır.

Avrupa'nın eski emperyal güçleri olan büyük devletler bu gerçeğin farkındadırlar. Siyasiler ve bürokrasi AB içinde hızlı entegrasyonu savunurken, Avrupa'nın sokaktaki insanı, bu konuda daha tutucu davranmaktadır.

- Avrupa ülkelerinde yapılan genel seçimlerin sonuçlarına baktığımızda,

- AB üst kurumlarına, ulusal yetkilerin devredilmesi için üye ülkelerde yapılan referandumların sonuçlarını değerlendirdiğimizde, bu gereği görüyoruz.

Bu çelişkiler önümüzdeki yıllarda devam etse de, son 10 yılda görüldüğü gibi, siyasilerin ve bürokrasinin egemenliğinde, AB bütünleşmesinin yürüyeceği anlaşılabilir.

Halk, dünyadan çok, AB içinde kendi konumuna ve günlük yaşamına bakmaktadır. Bütün bunlara rağmen yarının Avrupa'sının, Avrupa Birleşik Devletleri yönünde ilerlemesi büyük olasılıktır.

Yarının Avrupa'sında ABD-AB İlişkileri

Bugün dünya üzerinde ABD'nin egemenliği vardır. ABD 280 milyon nüfusu, 10.500 milyar dolar yıllık geliri, 38.000 dolarlık yıllık kişi başına geliri ve tartışmasız en büyük olan askeri gücü ile bu egemenliğini sürdürmektedir.

Buna karşılık Avrupa Birliği, ABD'ye oranla, "daha gevşek bir yapı" içindedir. Üyeler arasında çıkar çatışmaları vardır ve askeri gücü ABD'nin çok gerisindedir.

Avrupa hâlâ, "kısmen de olsa, ABD'nin askeri hegemonyası altındadır". AB savunma gücü (AGSK) ile yavaş yavaş bu patronajdan sıyrılmak amacını gütmektedir.

Öte yan ABD ve Avrupa, "Batı'nın ortak değerleri ve ortak kaderi paylaşan" iki temel taşıdırlar. 1990 sonrasının yeni ekonomik düzeni ve Sovyetler Birliği'nin çökmesi, "bu beraberliğe ve kader birliğine" gölge düşürmeye başladı.

Ekonomik rekabet ve ekonomik çıkar çalışmaları daha belirgin hale geldi. Eski ortaklar, yavaş yavaş, "karşı karşıya gelmeye başladılar".

Bu çok kritik dönemeç değerlendirilirken, iki farklı çizginin ortaya çıktığını görüyoruz.

a) Eski ABD Dışişleri Bakanı Henry Kissinger'e göre[1] Avrupa, ABD'nin rakibi olma yolunda hızla ilerlemektedir. ABD ve AB yarının dünyasında, iki süper güç olarak karşı karşıya gelecekledir.

H. Kissinger adeta, Avrupa'yı, "ABD'nin ileride bir düşmanı" olarak ilan etmektedir. İki büyük gücün, dünyadaki "paylaşım kavgasında" karşı karşıya bulunduğunu öne sürmektedir.

b) Buna karşılık Z.Brezinski'ye göre[2] ABD'nin Avrupa'ya gereksinimi vardır. Bunun gerekçesi olarak da, yeni doğan dev Asya'da, "ne ABD, ne de Avrupa", aralarında işbirliği yapmadan, egemenlik kuramazlar.

Brezinski, Asya'da egemenlik kurabilmenin bir gereği olarak, ABD-Avrupa işbirliğini öngörmektedir.

Şimdi şu soruların yanıtlarını aramak gerekiyor.

---

[1] H. Kissinger, Diplomasi, Sabah Yayınları.

[2] Z.Brezinski, Büyük Santraç Tahtası. Sabah Yayınları.

- Avrupa, yarının Avrupa Birleşik Devletlerini kurmak yolunda ilerlemesini sürdürürse, bu durum, "Avrupa ve çevresinde ABD egemenliğine karşı bir hareket olmaz mı?"

- Eğer ikincisi geçerli ile, ABD-Avrupa çatışması, Çin'in ve Rusya'nın işine yaramaz mı? Veya, AB ve ABD işbirliği yapmak zorunda kalmazlar mı?

2000'li yılların başında, bu soruların kesin yanıtlan açık olarak görülemiyor. Belirsizlikler ve bulanıklık çok fazladır.

Örneğin; AB'nin, Avrupa Birleşik Devletleri olma yolunda hem genişlemeden doğan sorunları vardır, hem de iç çekişmeler süregelmektedir. Çin'in yarın dünya ekonomisi içinde "nasıl bir kimlikle yer alacağı" çok belirsizdir. Rusya'nın ekonomik olarak, kendi başına, ayağa kalkıp kalkamayacağı sorusu açık değildir.

Önümüzdeki yıllar içinde ortaya çıkacak gelişmeler, bu belirsizliklerin açığa çıkmasına imkân verecektir.

Ve bu gelişmeler de, H. Kissinger'in mi, yoksa Zbrezinski'nin mi haklı olduklarını ortaya çıkaracaktır.

AB yarın ABD ile karşı karşaya gelse de, gelmese de kendi bütünleşmesini sürdürmek istemektedir. Çünkü kendi iç bütünleşmesi, "her iki olasılık içinde de, AB'ye yarar sağlayacaktır".

AB'deki siyasiler ve devlet adamları, bu gerçeğin farkındadırlar. Bu nedenle, "Avrupa halklarındaki olumsuzluklara karşın, AB'nin bütünleşmesi yönünde" ısrarlı bir tutum içindedirler.

11 Eylül ve Sonrası

11 Eylül 2001'de ortaya çıkan olaylar ABD'nin ve AB'nin konumlarını etkilemiştir. ABD'nin "Yeni Asya Çıkarması" bir bakıma, Almanya önderliğindeki AB'nin Asya yolunu kesmeye yönelecektir.

Diğer yönü ile de Asya'daki yeni işbirliği hareketlerini engelleme amacını gütmektedir.

Bir başka boyutu ile de Batı ile Müslüman Dünyası arasında yeni bir duvar örülmesi hareketidir.

Belki de bütün bu faktörleri birlikte ele almak gerekiyor. ABD "süper güç olma tekelini kullanarak" üstünlüğünü devam ettirmek istiyor. Avrupa Birliği ise buna, açık değilse bile "örtülü tepki" gösterme hazırlığı içinde bulunmaktadır.

BEŞİNCİ BÖLÜM

TÜRKİYE - AVRUPA BİRLİĞİ İLİŞKİLERİ NASIL GELİŞTİ

Türkiye-AB (AET) ilişkileri soğuk savaş koşulları içinde,

- hem siyasal bir tercih,

- hem de soğuk savaş yıllarının "çok özel koşulları içinde" ele alınmıştır.

Ayrıca Türkiye'de AB (AET) ile ilişkileri "çok dar bir çevre" yürütmüştür. Başbakanlık ve Dışişleri bakanlığı, Türkiye'nin AB (AET) ile ilişkilerinde tek karar verici, tek söz sahibi kurumlar olarak görüldü.

1950'li yılların sonunda Türkiye AET ile ortak üyelik görüşmelerine başladığında,

-işçi ve işveren örgütleri,

-meslek odaları

-üniversiteler,

Ankara'nın kararlarının oluşturulmasında etkili değillerdi. Başbakan İsmet İnönü'nün, 1963 Ankara Antlaşması imzalanmadan önce en duyarlı olduğu konu, "Türkiye daha sonra fikrini değiştirdiği taktirde, bu anlaşmayı bozma olanağının bulunup bulunmadığı" idi.

Bu nedenle yanındaki yardımcılarına, "ileride çıkmak istersek çıkabilir miyiz" diye sormuştu. "Evet" yanıtını alınca da Ankara Antlaşmasına onay vermişti. Ancak işler bu kadar basit değildi.

Oysa Ankara Antlaşması ileride Türkiye'yi, sosyal, ekonomik ve politik boyutları ile her alanda etkileyeceği için, ilgili bütün kesimlerin katılma kararının verilip verilmemesinde katkıları sağlanmalı idi.

O tarihte Türkiye'de, bu anlamda, "toplumsal demokrasi" bulunmadığı için, kararlar birkaç kişi tarafından veriliyordu. TBMM'de onaylanması ise, sadece formalite idi. Çiftçiler, işçiler, iş çevreleri nasıl etkileneceklerini değerlendirmediler.

Ve Ankara Antlaşması İmzalanıyor

Türkiye İkinci Dünya Savaşı sonrasında Batı Avrupa'da kurulan birçok Avrupa kurumunda yer almıştı. 1947'den itibaren Marshall Yardımı kapsamına alınan Türkiye 1950'li yılların başında NATO'ya girdi.

Avrupa Konseyi üyesi de olan Türkiye 1957'de altı B.Avrupa ülkesinin kurduğu Avrupa Ekonomik Topluluğu (AET)'na katılmak istedi. Bu istekte, Yunanistan'ın da katılma talebinde bulunacağı haberleri, Ankara'da etkili oldu. Ankara Avrupa ile ilişkilerde, Yunanistan'ın gerisinde kalmak istemiyordu. Yunanistan ile "sürtüşmeler", Atina'nın Kıbrıs'a Grivas'ı çıkarması ve EOKA terör örgütünü kurması ile 1955'te başlamıştı. Bu örgüt, Kıbrıs Türkleri'ni de hedef almıştı.

Dolayısıyla, Türk-Yunan rekabeti daha o yıllarda etkili oluyordu ve bu etki, her iki ülkenin Batı Avrupa ile ilişkilerine de yansıdı.

Türkiye, Avrupa Ekonomik Topluluğu'nun (AET) daha ilk kuruluş yıllarında onunla ilişki kurmaya ve kurucu altı Avrupa ülkesi ile kader birliği yapmaya yönelmiştir. Toplulukları tesis eden Roma Antlaşması 1 Ocak 1958'de yürürlüğe girmiştir. Bundan 1,5 yıl sonra Türkiye tam üyeliği öngören bir ortaklık ilişkisi kurmak üzere, daha henüz oluşmakta olan Topluluğa başvurdu.

Türkiye, 9 Temmuz 1959'da tercihini yapmış ve Roma Antlaşmasının 238. maddesi çerçevesinde üyelik hedefiyle Topluluğa başvurmuştur.

Taraflar arasında başlayan görüşmeler, Topluluk ile Türkiye arasında 12 Eylül 1963'de imzalanarak, 1 Aralık 1964'de yürürlüğe giren Ortaklık Anlaşması ile sonuçlanmıştır.

Ankara Antlaşması bir çerçeve anlaşmadır ve Türkiye'nin AET'ye üye olmasını hedef almaktadır.

Ankara Antlaşması; Esas Antlaşma (33 Madde); Geçici Protokol (11 Madde), Mali Protokol (9 Madde), Son Senet ve işgücü konusunda taraflar arasında verilen mektuplardan oluşmaktadır.

Bu antlaşma, Türkiye'nin Topluluğa tam üye sıfatıyla katılabilmesi yolunu açık tutmakta ve yürürlük süresine ilişkin bir hüküm de taşımamaktadır. Bir diğer deyişle, Antlaşmanın fesih hükmü yoktur. Bu nedenle, Antlaşma, taraflardan biri aksi tutum içine girmediği sürece amaçları gerçekleşene kadar yürürlükte kalacaktı.

Türkiye-AET Ortaklık Anlaşmasının Kurumları

Türkiye ile AET arasında ortaklık kuran Ankara Antlaşması, ortaklık rejiminin uygulanması ve gittikçe gelişmesini sağlamak amacıyla bazı organlar kurulmasını da öngörmüştür. Bu organlar Ortaklık Konseyi, Ortaklık Komitesi, Türkiye-AET Karma Parlamento Komisyonu ve Gümrük İşbirliği Komitesi'dir.

Türkiye-AET ortaklığının en yetkili organı On Konseyi idi.

Ankara Antlaşmasının 6, 22, 23, 24, 25, ve 27. maddeleri Ortaklık Konseyi'ne ilişkin hükümleri ihtiva etmektedir.

Ortaklık Konseyi bir taraftan Türk Hükümeti, diğer taraftan Topluluğa üye hükümetlerin ve Topluluk Konseyi ile Komisyonun temsilcilerinden meydana gelir. Konsey'de Türkiye ile Topluluğun birer oyu vardır ve kararlar oybirliği ile alınır.

Ortaklık Anlaşması ile belirtilen amaçların gerçekleştirilmesi için Anlaşma ve ona ekli protokollerin öngördüğü hallerde Ortaklık Konseyi'nin karar yetkisi vardır. Taraflardan her biri Ortaklık Konseyi kararlarının yerine getirilmesinin gerektirdiği tedbirleri almakla yükümlüdürler. Ayrıca Ortaklık Konseyi, Anlaşmanın hedeflerini göz önünde tutarak ortalık rejimine ilişkin uygulama sonuçlarını belli aralıklarla inceler ve yararlı tavsiyelerde bulunur.

Ortaklık Konseyi, görevlerinde kendisine yardım edebilecek her komiteyi ve özellikle Anlaşmanın yürütülmesi için gerekli işbirliğinin devamlılığını sağlayacak bir komite kurmaya karar verebilir.

Taraflar, Anlaşmanın uygulama ve yorumu ile ilgili ve Türkiye'yi veya Topluluğu, Topluluk üyesi bir Devlet'i ilgilendiren her anlaşmazlığı Ortaklık Konseyi'ne getirebilir. Konsey anlaşmazlığı karar yolu ile çözebilir. Anlaşmazlığı Avrupa toplulukları Adalet Divanına veya mevcut herhangi bir başka yargı merciine götürmeyi kararlaştırabilir.

Ortaklık Konseyi'nin yardımcı organı Ortaklık Komitesi'dir.

Komite, Ortaklık Anlaşmasının yürütülmesi için gerekli işbirliğinin devamlılığını sağlamak için Ortaklık Konseyi kararı ile kurulmuştur. Ortaklık Konseyi'nde alınacak kararları oluşturur, müzakere eder, Ortaklık Konseyi'nin vereceği görev talimatı çerçevesinde ortaklık ilişkisine ilişkin sorunlar üzerinde incelemeler yapar.

Ortaklık Komitesi teknisyenler düzeyinde bir kuruluştur. Komite'de Türk tarafını Daimi Delege Yardımcısı başkanlığındaki heyet oluşturur. Topluluk tarafından ise, üye ülkelerin Daimi Temsilciliklerinden Konsey ve Komisyon'un Türkiye ile ilgili işlerle görevli memurları yer alır.

KPK-Türkiye-AET ortaklığının demokratik denetim organı durumundadır.

TBMM ile Avrupa Parlamentosu arasında ilişkiler kurulmasını hükme bağlayan Ankara Antlaşması'nın 27. maddesi uyarınca, 22 Nisan 1965 tarihinde toplanan TBMM ve Avrupa Parlamentosu heyetleri, KPK'nın kuruluşu, görevleri ve toplantıları hakkında bir metin kabul etmişlerdir. Bu metin, Avrupa Parlamentosu tarafından 14 Mayıs 1965 tarihli kararla, Türkiye yönünden ise Millet Meclisi ve Senato tarafından, sırasıyla 22 Haziran ve 14 Temmuz 1965 tarihli kararlarla onaylanmıştır. Nihayet, Ortaklık Konseyi'nin 27 Temmuz 1965 tarihli ve 1/65 sayılı kararıyla KPK resmen kurulmuştur.

KPK, TBMM ve Avrupa Parlamentosu'ndan seçilen 18'er üyeden meydana gelir.

KPK'nın görevi, Ortaklık Konseyi tarafından hazırlanan yıllık faaliyet raporlarını incelemek, ortaklığa ilişkin konularda görüş alışverişinde ve tavsiyelerde bulunmaktır. Ayrıca, tarafları müştereken ilgilendiren konularda görüş teatisi yapılmakta, üyelerin güncel dünya sorunları hakkındaki görüş ve düşüncelerini açıklamaları mümkün olmaktadır.

Kısaca KPK, TBMM'nin, ortaklık ilişkisinde, devreye sokulması için kurulmuştur.

Yılda 2 toplantı yapması öngörülen KPK'nın eş başkanları ve 2'şer yardımcılarından oluşan 6 kişilik Başkanlık Divanı'nın resmi toplantılar öncesinde bir araya gelerek toplantı gündemi ve yayımlanacak ortak bildiri hususunda görüş teatisinde bulunmaları usul halini almıştır.

12 Eylül 1980'den sonra 1989 Ocak ayına kadar toplantı yapılması mümkün olmamıştır.

Gümrük İşbirliği Komitesi (GİK), Ortaklık Konseyi'nin 2/69 sayılı kararı ile kurulmuş teknik bir komitedir. Görevi, Ortaklık Anlaşması'nın gümrükle ilgili hükümlerinin doğru ve yeknesak bir şekilde uygulanması amacıyla akit taraflara arasında idari işbirliğini sağlamak ve Ortaklık Komitesi'nin gümrük alanında kendisine vereceği her türlü diğer görevi yürütmektir. Karar alma yetkisi yoktur. Üye devletler gümrük uzmanları ve Komisyon servislerinin gümrük sorunları ile ilgili memurları ve Türk gümrük uzmanlarından oluşur.

Ankara Antlaşmasının yürürlüğe girdiği 1964'den itibaren tam üye oluncaya kadar ortaklık ilişkilerinin geliştirilmesi, birbirini izleyecek olan üç dönemde gerçekleşecektir. Hazırlık Dönemi, Geçiş Dönemi ve Son Dönem.

Hazırlık Dönemi

Bu dönemin amacı, Türkiye ekonomisini Topluluğun koşullarına uymaya imkân verecek bir duruma getirebilmekti. Bu dönemde yükümlülüğü olmayan Türkiye ekonomik gelişmesini gerçekleştirmeye gayret edecek, Topluluk ise Türkiye'nin bu çabalarına destek olabilmek için ticari ve mali alanda kolaylıklar sağlayacaktır. Ticari alandaki kolaylıklar. Ortaklık Anlaşmasının yürürlüğe girdiği tarihten itibaren, Türkiye'nin Topluluğa ihraç ettiği dört temel ihraç ürününe (tütün, kuru üzüm, kuru incir ve fındık) belirli kontenjanlar içinde veya kontenjan söz konusu olmaksızın gümrük indirimi uygulanması şeklinde olmuştur. Mali alanda ise Topluluk, Kalkınma Planlanmamızda yer alan ve Anlaşma amaçlarının gerçekleşmesine katkıda bulunacak nitelikteki yatırım projelerinin finansmanına, Avrupa Yatırım Bankası aracılığıyla 175 milyon dolarlık bir yardımla katkıda bulunmaya kararlaştırmıştır.

Hazırlık döneminde Türkiye'nin, ortaklık konusunda hazırlanabildiği söylenemez.

Geçiş Dönemi

Hazırlık döneminin normal süresi sona ermeden önce, Türkiye'nin isteği üzerine bir sonraki dönemin, yani geçiş döneminin koşullarını, süre ve sıralarını belirlemek üzere Toplulukla yeniden görüşmelere başlanmış ve 23 Kasım 1970'de Katma Protokol imzalanmıştır. Katma Protokol'ün üye ülkelerin parlamentolarınca onay işlemlerinin vakit alacağı düşüncesiyle, ticari hükümleri bir geçici anlaşma ile 1971 tarihinde yürürlüğe girdi. Bu anlaşmayla hazırlık dönemi sona ermiş ve geçiş dönemi fiilen başlamıştır. Ancak, geçiş döneminin hukuken başlaması, Katma Protokol'ün 1 Ocak 1973'de başlayan bu dönemde taraflar karşılıklı ve dengeli yükümlülükler esası üzerinden, gittikçe gelişen bir şekilde sanayi ürünleri ticaretinde gümrük birliğinin yerleşmesini üstlenmişlerdir.

Katma Protokol malların, hizmetlerin, işgücünün ve sermayenin, kademe kademe serbest dolaşımının sağlanmasını öngören çok önemli bir anlaşmadır.

Topluluk, Türk sanayii ürünlerinde (Pamuk ipliği, pamuklu dokuma ve rafine petrol ürünleri hariç) gümrük vergilerini ve kısıtlamaları derhal kaldırmış, bazı tarım ürünlerimize de kota dahilinde ithal kolaylıkları tanınmıştır. Türkiye'ye AET menşeli sanayi ürünlerine gümrükleri kademeli şekilde 12 yılda kaldırmayı öngörmüştür. Ancak, korunması gereken hassas sanayi ürünleri için bu süre 22 yıla uzatılmıştır.

Protokole göre, işgücü dolaşımı, 1976-1986 döneminde, tamamen serbest hale gelecekti. Kısaca, 1986 yılında, işgücü, AET içinde çalışma imkânına kavuşacaktı.

Son Dönem

Katma Protokol'le düzenlenen geçiş döneminin 22 yıl sonunda tamamlanmasını izleyen dönemde ise, son dönem başlamaktadır. Bu dönem Türkiye ile AET arasındaki ekonomik birliğe dayanacaktı. Bu dönemde, tarafların ekonomi politikaları arasındaki eşgüdümün güçlendirilmesi sağlanacaktı. Ankara Anlaşması, son dönem için bir süre saptamamış, bunu taraflara bırakmıştı.

Katma Protokol'de Tarafların Yükümlülükleri

Fiilen 1971, hukuken 1 Ocak 1973 tarihinde yürürlüğe giren Katma Protokol, geçiş dönemi süresince (1973-1995 yılları), karşılıklı ve dengeli yükümlülükler esasına göre birliğin nasıl gerçekleştirileceğini belirlemektedir.

Protokolde yer alan ilkeler şunlardı:

- Taraflar arasında "karşılıklı ve dengeli yükümlülükler"in esas olması,

- Türkiye ile Topluluk arasında malların endüstri içi serbestleştirilmesi,

- İşgücünün, hizmetlerin ve sermayenin dolaşımının serbestleştirilmesi,

Kapsamlı olan ve tam entegrasyon ve tam üyelik esasına dayandırılmış bulunan Katma Protokol, 64 maddeden oluşuyordu ve malların serbest dolaşımını gerçekleştirecek usul, sıra ve süreler de dahil olmak üzere, kişilerin, hizmetlerin ve sermayenin serbest dolaşımı; ulaştırma, rekabet, vergileme ve mevzuatın yakınlaştırılması, ekonomi ve ticaret politikalarının uyumlaştırılması konularını hükme bağlar.

Katma Protokol, TBMM'de 5 Temmuz 1971'de, Cumhuriyet Senatosu'nda, 22 Temmuz 1971'de onaylandıktan sonra, 1 Eylül 1971 tarihinde kanunlaştırılmış ve Ankara Anlaşması'nda olduğu gibi, 30 Eylül 1971'de GATT'a sunulmuştur. Sözü edilen Protokol üye ülke parlamentolarında da onaylandıktan sonra, 1 Ocak 1973'de yürürlüğe girmiştir (Ancak, daha önce de belirtildiği üzere, Katma Protokol'ün ticari hükümleri "geçici anlaşma" ile 1.9.1971 tarihinde fiilen yürürlüğe sokulmuş ve AET'nin yükümlülükleri bu tarih itibariyle başlatılmıştır).

Bu protokol ile, Türkiye'nin ekonomi politikasını Topluluğunkine yakınlaştırılmasına ilişkin kriterler de belirlenmiştir.

AET'nin Yükümlülükleri

Sanayi Mamulleri: AET, Katma Protokol'ün yürürlüğe girmesiyle birlikte Türkiye'den ithal edilen sanayi mamullerine uyguladığı gümrük vergileri ve miktar kısıtlamalarını bütünüyle kaldırmış ve bunu Türkiye lehine konsolide etme yükümlülüğünü üstlenmiştir.

Yalnızca pamuk iplikleri, diğer pamuklu dokumalar ve yünden veya ince kıldan mamul makine halıları itibariyle tarife kontenjanları belirlenmiş ve bu kontenjanlar tamamlayıcı Protokol yanında genel preferanslar sistemiyle de çeşitli artırımlara uğramış ve 1 Ocak 1985 tarihinde tamamen kaldırılmış bulunmaktadır.

Tarım Ürünleri: Geçiş dönemi süresince tarım ürünlerindeki serbest dolaşımın nasıl gerçekleşeceği açıklanmamış ancak, Türkiye, topluluktan tarım kesiminde bazı ödünler elde etmişti.

AET'in Ortak Tarım Politikası sisteminin, sanayi mallarına uygulanan sistemden ayrı olması, bu sektörün, farklı değerlendirilmesine yol açmıştır.

İşgücü Dolaşımı: Bu sahada AET, Türk işgücünün AET içinde serbest dolaşımının, 1976-1986 yılları arasında gerçekleştirilmesini kabul etti. Ancak daha sonra bu kararını değiştirdi.

1973-1995 Döneminde Türkiye'nin Yükümlülükleri

Sanayi mamulleri: Türkiye'nin Katma Protokol çerçevesinde ve geniş dönemi boyunca yerine getirmeyi üstlendiği yükümlülükler, Ortak Gümrük Tarifesine uyum, belirli takvimler çerçevesinde (12 ve 22 yıllık listeler itibariyle farklı zaman dilimlerinde) gümrük vergilerindeki kademeli indirim, miktar kısıtlamalarının kademeli olarak kaldırılması ve ithalatta liberalizasyonun AET lehine değiştirilmesi olarak özetlenebilir.

Türkiye 1.1.1995 tarihi itibariyle, gümrük tarifesi indirimlerinde 12 yıllık listede kümülatif olarak %95, 22 yıllık listede %90 oranında indirim yapılmış, Ortak Gümrük Tarifesine uyumda ise 12 yıllık listede %90, 22 yıllık listede %85 uyum sağlamış bulunuyor.

Gümrük indirimlerinde 12 yıllık listede %5, 22 yıllık listede %10, Ortak Gümrük Tarifesine uyumda ise 12 yıllık listede %10, 22 listede %15 oranında kalmış olan bakiyelerin 1995 yılı sonunda sıfırlanmış olması öngörüldü.

Tarım Ürünleri: Türkiye, kendi tarım politikasını Topluluğun Ortak Tarım Politikasına yaklaştırmakla yükümlüdür. Bunun dışında, Türkiye, sanayi ürünleri kısıtlaması uygulamamak gibi yükümlülükler üstlenmedi.

Mevzuat Konusu: Türkiye, AT'in Gümrük Birliği ile ilgili mevzuatını da kabul edecekti.

Topluluk, gelişme yolundaki ülkelere sanayi ve tarım ürünleri bakımından çeşitli tarife indirimleri uygulamaktadır. Bu uygulamalar, Genelleştirilmiş Preferanslar Sistemi çerçevesi içindedir.

Topluluk mevzuatı açısından, ortak üye Türkiye, gelişmiş ülke kabul edildiğinden, genel preferans sistemi çerçevesinde ayrıca tarife indiriminden yararlanmamaktadır.

Topluluğun bu sistem kapsamında diğer gelişme yolundaki ülkelere uyguladığı tavizlerin, ülkemize Ankara Anlaşması ve buna bağlı olarak Katma Protokol ile Tamamlayıcı Protokol çerçevesinde tanımış olduğu tavizleri aşması halinde, bunların otomatik olarak Türkiye'ye de genişletilmesi gerekmektedir. Bu nedenle, Topluluk, Türkiye'ye kaynağı bu sistem olan bazı ek nitelikteki tavizleri, birer yıl süreli olmak üzere ve otonom önlem yoluyla (tek yanlı bir kararla) tanımaktadır. Bu ek nitelikteki tavizler Katma Protokol rejimi uyarınca Türkiye çıkışlı sanayi mamullerinin tek istisna dışında bütünüyle, vergisiz Topluluğa ithal edilmekte olması nedeniyle, daha çok, tarım ürünlerini ilgilendirmektedir.

Türkiye-AET Ortaklığının Mali Yönleri

Türkiye ve Avrupa Ekonomik Topluluğu arasındaki mali ilişkiler, Ankara Anlaşması ekindeki Mali Protokol ile başlamıştır. Söz konusu Ortaklık Anlaşması gereğince Topluluk, Türk ekonomisinin hızlı kalkınmasına yardımcı olmak amacıyla Türkiye'ye mali yardımda bulunmayı kabul etmiştir.

Türkiye'ye verilecek kredi ve yardımların miktar ve koşulları Mali Protokollerle belirlenmekte ve prensip itibariyle, Avrupa Yatırım Bankası kanalıyla, Türk ekonomisinin kalkınmasına yararlı yatırım projelerine tahsis olunmaktadır.

Öngörülen ortaklık ilişkisine rağmen, şimdiye kadar Topluluktan toplam 827 milyon ECU'lük bir yardım sağlanmış, 1981'de parafe edilen 600 milyon ECU'lük IV. Mali Protokol ise 1995'e kadar onaylanmamıştır. Bu durumda, Türkiye mali yardım almaksızın Toplulukla gümrük birliğine gidecek ilk ülke olmaktaydı.

Topluluğun 1992 yılında yürürlüğe koyduğu, üye olmayan Akdeniz ülkelerine yönelik Yenileştirilmiş Akdeniz Politikası (YAP) ile Türkiye'ye bu programın sadece Yatay İşbirliği Bölümünden yaralanma şansı sağlanmıştır. Bu ülkeler grubuna Fas, Mısır, Tunus gibi ülkeler dahildir.

1987 Tam Üyelik Başvurusu ve bugüne Kadar Olan Gelişmeler

14 Nisan 1987 tarihinde AET'yi kuran Roma Antlaşmasının 237, AKÇT Antlaşmasının 98. AET Antlaşmasının 205. maddelerine dayanarak erken tam üyelik müracaatında bulunan Türkiye'nin başvurusu 27 Nisan 1987'de Konsey tarafından Topluluklar yürütme organı olan Komisyona görüşünün hazırlanması amacıyla sevk edilmiştir.

Prosedür gereği, Konsey tarafından Komisyona havale edilen tam üyelik talebimizi takiben, Türkiye'nin durumunu incelemek ve bir rapor hazırlayarak görüş bildirmekle yükümlü Komisyon, uzun çalışmalardan sonra 18 Aralık 1989'da "Görüşünü" Konseye sunmuştur. Görüş, 5 Şubat 1990 tarihinde Konsey tarafından benimsenmiştir.

Türkiye'nin tam üyelik başvurusu kabul edilmemiş, sadece, ilişkilerin geliştirilmesi için tavsiyede bulunulmuştur.

AT Komisyonu, AT Konseyi'nin 5 Şubat 1990 tarihli toplantısında uygun bulunan bu tavsiyeleri ışığında, Türkiye-AT işbirliğinin geliştirilmesi amacına yönelik önerilerini içeren bir "işbirliği programını" (Matutes Paketi) Haziran 1990 tarihinde kabul ederek Konseye sunmuştur.

Komisyon, bu işbirliği önerileri ile birlikte IV. Mali Protokolü de imza ve onay için AT Konseyine sunmuştur.

Komisyonun önermiş olduğu işbirliği programı dört ana bölümden oluşmuştur.

- Türkiye ile AT arasında 1995 senesinin sonuna kadar gümrük birliğinin tamamlanması.

- Türk ekonomisinin AT ile bütünleşmesini kolaylaştırmak amacıyla işbirliğinin; sanayi, teknoloji, bilim gibi alanlarda yoğunlaştırılması.

- 600 milyon ECU'lük Mali Protokol'ün uygulamaya konulması

- Türkiye ile AT arasında siyasi ve kültürel işbirliğinin geliştirilmesi.

Matutes Paketi'nin AT Konseyi'nden geçmesi beklenirken, Türk Hükümeti, Türkiye-Avrupa Toplulukları ilişkileri ve işbirliğinin siyasi karar gerektirmeyen konularda geliştirilmesi amacıyla Topluluklar Komisyonu nezdinde girişimde bulunmuş ve geniş bir işbirliği konuları listesi vermiştir.

Girişim sonucu, 1992 yılında Türkiye-AT Ortaklık Konseyi toplantısında öncelikli işbirliği konularını tespit edip yürütülecek faaliyetleri belirleyen bir çalışma programı imzalanması hususunda mutabık kalınmıştır.

Bu çalışma programı 21 Ocak 1992 tarihinde Ankara'da imzalanmıştır.

Birliğin, 1992 Lizbon ve 1993 Kopenhag Zirve toplantılarında, Türkiye ile mevcut ortaklık ilişkilerinin geliştirilmesi ve güçlendirilmesi sonucunda gümrük birliğine gidilmesi konusundaki kararlılık belirtilmiştir.

Bu çerçevede, taraflar arasında Kasım 1992'de Brüksel'de yapılan Ortaklık Konseyi toplantısında.

- Gümrük Birliğinin kurulması konusundaki kararlılık teyit edilmiş.

- Üst düzey siyasal diyalog mekanizması oluşturulmuş,

- Mevcut ve muhtemel teknik (ticari ve ekonomik) sorunları ele almak üzere "Yönlendirme Komitesi" kurulmuştur.

Yönlendirme Komitesi, 1993 ilkbaharında çalışmaya başlamış ve yıl içinde 4 kez toplanarak, teknik dosyaların önemli bölümünü ele almıştır. Tarafların 1994 yılında gümrük birliği konusunda uygulayacakları temel politikaları belirleyen bir çalışma programı da hazırlanmıştır.

8 Kasım 1993 tarihinde Brüksel'de yapılan Türkiye-AB Ortaklık Konseyi toplantısında, 12 yıldan beri ilk defa siyasi bir karar alınarak, Türkiye ile Avrupa Birliği arasında bütünleşme konusunda, sadece Gümrük Birliği için adım atılmıştır. Taraflar Gümrük Birliğinin 1995 yılı içinde tamamlanması amacıyla, bu yöndeki iradelerini ortaya koyan bir karar metnini kabul etmişlerdir.

Gümrük Birliği doğrultusunda tarafların 1993 ve 1994 içinde almaları gereken önlemleri belirleyen ve ortak olarak hazırlanan bir "Çalışma Programı" da Ortaklık Konseyi tarafından onaylanmıştır.

8 Kasım 1993 tarihindeki Ortaklık Konseyi'nde kabul edilen Çalışma Programı, Türkiye ve Topluluğun gümrük birliği konusundaki yükümlülüklerini tanımlamaktadır. Program kapsamında;

- Gümrük vergileri ve eş-etkili vergiler (toplu konut fonu) ile miktar kısıtlamalarının (Topluluk tekstil kotaları) kaldırılması,

- Türkiye'nin ortak gümrük tarifesine uyumu ve Topluluk ortak politikalarına (ticaret, rekabet, fikri ve sınai mülkiyet gibi) kendi mevzuatını yaklaştırması,

- Mali işbirliği ve ortak yatırımların teşviki, her alanda işbirliğinin geliştirilmesi,

gibi konular öngörülmektedir.

Yönlendirme Komitesi sık aralarla toplanmaya devam etmiş ve 1994 sonuna kadar 7 kez toplanarak teknik dosyaların önemli bir bölümünü ele almıştır.

Türk Hükümeti'nin AB'den Talepleri ve Beklentileri şunlardı:

1)- Mevcut Ortaklık Anlaşmaları, ilke olarak Türkiye'nin gümrük birliği ertesinde tam üyeliğini gündeme getirmektedir.

Ancak son 93-94 yıllarında ortaklık ilişkilerinde kazanılan ivmeye rağmen, Topluluk, yalnızca gümrük birliği konusunda ağırlık ve öncelik vermekte ve tam üyeliği hedef olarak görmemektedir. Bu da, AB'nin, Türkiye'yi tam üye yapmama konusundaki "siyasi yaklaşımını" ortaya koymaktaydı.

Bu arada Macaristan, Polonya, Çek ve Slovakya, Romanya ve Bulgaristan'ın dahi Topluluğa tam üyelikleri öngörülmekte idi.

Türkiye ise, gümrük birliğini tam üyelik yolunda bir araç olarak gördüğünü sürekli ifade etmesine rağmen, bu konuda olumlu bir yanıt gelmemiş, Türkiye'nin, "başka bir örneği olmayan sadece Gümrük Birliği ile yetinmesi" Brüksel'in tutumu ile ortaya konmuştur.

6 Mart belgesinin, tam üyelik konusunda, hiçbir şekilde kapıyı aralamadığını görüyoruz.

2)- Birlik, 1980 yılından beri Türkiye'ye mali yardım yapmamaktaydı. 1981'de parafe edilen 600 milyon ECU'lük IV. Mali Protokol ise onaylanmamıştı. Bunun yanı sıra 1982 yılından bu yana işletilmeyen Mali Protokol mekanizması normal bir şekilde çalıştırılmış olsaydı 4, 5 ve 6. Mali Protokoller çerçevesinde toplulukta sağlanabilecek genel mali katkı 3.3 milyar $'a yaklaşacaktı. Bunların hiçbiri yerine getirilmedi.

Türkiye'nin özellikle kamu ve dış ticaret açıklanırın büyüdüğü göz önüne alınarak Topluluk yardım mekanizmasının devreye sokulması gümrük birliğinin sağlıklı biçimde kurulması bakımından da hayati önem taşımaktaydı. Zira gümrük birliğinin tamamlanması ile AB kaynaklı ithalata uygulanan gümrük vergisi ve fonların kaldırılmasının yılda 4.5 milyar $'lık kamu gelir kaybına yol açacağı hesaplanmaktaydı.

Türkiye, tam üye olmadan gümrük birliğine giden ilk ülkedir. Bir diğer ifade ile, birliğin bölgesel ve sektörel yardım fonlarından yararlanamamaktadır. Bu nedenle, Ortaklık Anlaşmalarının öngördüğü Mali Protokollerin yürütülememesi, Türkiye'nin taze kaynak ihtiyacını daha da büyütmekteydi.

Ancak, 6 Mart 1995 belgesinde, bu beklenti gerçekleşmedi.

3)- Türkiye'nin, Birlik karar alma sürecine dahil edilmesi beklenmişti. 6 Mart belgesinde, Türkiye, GB'nin karar mekanizması dışında tutuldu.

4)- Türkiye'nin ortak politikalara kademeli uyum sürecinde birliğin desteği beklenmişti, bu da gerçekleşmedi.

Haziran 1994 tarihinde Korfu AB Zirve toplantısında kabul edilen Başkanlık Sonuçları Belgesi'nde Türkiye için ayrılan paragrafta Türkiye-AB Ortaklık Konseyi'nin özellikle 1994 Ortaklık Anlaşmasında öngörülen gümrük birliğinin gerçekleştirilmesi konusunu ele almak üzere toplantıya çağrıldığı kaydedilmişti. Ancak tam üyelik için bir öngörme bulunmuyordu.

Türkiye-AB Ortaklık Konseyi 19 Aralık'ta (1994) toplanacak ve GB için karar verilecekti. Ancak, Ankara'da Hükümet çevrelerinin, GB konusunda aşırı hevesli tutum içine girmeleri "AB'nin, Kıbrıs ve DEP konularında, ek talepler getirmeleri için ortam hazırlandı". Halbuki, 1994 yılında AB'nin, kendi iç rapor ve çalışmalarında, "Türkiye'nin, yalnızca Gümrük Birliği'ne dahil edilmesinin, AB'ye, ekonomik ve politik yararları ortaya koyuyordu". Sir Leon Brittan Raporu, bunun en açık örneğidir.

Türkiye'yi karar mekanizmaları dışında tutarak "bir tam üye" gibi yükümlülük altına sokarak, vesayet altına alan bir anlaşma, AB için ideal bir formüldü.

Çünkü;

- Türkiye tam üye yapılmadığı için AB Parlamentosu'nda, AB Bakanlar Konseyi'nde, AB Komisyonunda, ve AB Adalet Divanı'nda yer almayacak, buna karşılık, bu organların, Gümrük Birliği, AB'nin dış ticaret politikası, AB'nin üçüncü ülkelerle imzaladığı anlaşmaların uygulanmasından sorumlu olacaktı. (Tek taraflı yükümlülük) Böylelikle Türkiye, AB tarafından "yönlendirilen" bir konuma getirilecekti.

- Tam üye olmadığı için, Yunanistan'a, Portekiz'e yapıldığı gibi, büyük mali yardım yapılmayacağı için, AB mali bir yükten kurtulacaktı. Türkiye tam üye yapılsa, ülkeye her yıl, Yunanistan'a yapılanın 4-5 katı mali yardım yapılması zorunluluğu doğardı. Çünkü AB sistemi bunu gerektiriyordu.

- Türkiye tam üye yapılmadığı için, işgücünün serbest dolaşımından da yararlanamayacak ve AB bu tehlikeden de uzak tutulmuş olacaktı.

- Temsilin nüfus hacmine göre olduğu AB'nde tam üye olan Türkiye, Almanya, Fransa, İngiltere ve İtalya gibi AB Parlamentosu'nda ve AB Komisyonu'nda "en ağırlıklı" ülkelerden biri olacaktı. Hele ileriki yıllarda nüfusu daha da arttıkça, AB'nin piramidinin en üstünde, "en ağırlıklı" ülke konumuna gelecekti.

Yalnızca GB'ne dahil edilen Türkiye ise AB'nin korktuğu bütün bu tehlikeleri yaratamayacağı gibi, "tek yanlı olarak, AB denetimi altına sokulacağından" AB için, en uygun konumda olacaktı.

Türkiye'nin Yerine Getirdiği Yükümlülükler

Türkiye 1984-1994 arasında uyguladığı ekonomi politikaları ile kapılarını AT'ye her bakımdan hızla açmaya başlamıştı. Katma Protokol gereği olarak da 12 ve 22 yıllık listelerde gümrük indirim taahhütlerini yerine getiriyordu. AB, Japonya ve ABD karşısında, Türkiye pazarında büyük imtiyaza sahip konuma gelmiştir. AB yatırımları her türlü kolaylıktan yararlanmaktadırlar.

Türkiye, Gümrük Birliği Çerçevesinde AB'ye Neler Sağladı?

Türkiye, Katma Protokol hükümlerine bağlı olarak, 12 yıllık mal listelerindeki taahhüdünü %95, 22 yıllık listede ise %85 oranında yerine getirerek AB çıkışlı mallarda gümrük indirimi sağladı. AB'nin, üçüncü ülkeler için uyguladığı ortak Gümrük Tarifesinde ise 12 ve 22 yıllık listelerde %75 ve %85 uyum sağladı; (1995 başı itibariyle)

Türkiye, hem AB mallarının Türkiye'ye girişi (gümrükler) hem de ortak Gümrük tarifesine uyum bakımından AB'ye büyük imtiyaz sağlamıştır. Ayrıca Türkiye AB'den gelen mallara "tek" vergi düzeni içinde uygulamaya geçti (1994).

1983-1995 döneminde AB ise birçok taahhüdünü yerine getirmemiştir. Şöyle ki; a) IV. Mali protokolü işletmemiştir, b) 1986 işgücü serbest dolaşım şartını ortadan kaldırmıştır, c) tekstilde Türk ürünlerine karşı kota sistemini sürdürmüştür, d) Türk ihracatına karşı, özellikle son yıllarda, "anti-damping" uygulamaları yaparak, Türk ihracatının zarar görmesine neden olmuştur.

O günlerde AB, kendi dışındaki birçok ülkeye (ve bölgeye) Türkiye'ye sağladığı gümrük indirimlerini uygulamaktadır. Türkiye, bir ortak üye ve gümrük birliğine girme yolunda bir ekonomi olarak, özel üçüncü ülke imtiyazlarına sahip değildir. Bu imtiyazlar birçok üçüncü ülkeye verilmişti. Üstelik, imtiyaz verilen ülkeler, ne ortak üye statüsündedirler, ne de Türkiye'nin AB'ye verdiği imtiyazları vermişlerdi.

Türkiye, artık AB'nin kendi açısından çok imtiyazlı ticari imkânlara sahip oluğu herhangi bir üçüncü ülke konumunda olmuştu. Türkiye AB'ye, diğer ülkelerin sağlamadığı imtiyazları vermişti.

Türkiye tam üyelik için başvurup reddedildikten sonra (1987), AB, Avusturya ve İskandinav ülkelerine tam üyelik için yeşil ışık yaktı (1992 sonrası) ve bu ülkeler 1.1.1995 AB'nin tam üyesi oldular (İsveç, Finlandiya, Avusturya). Ayrıca, Sovyetler Birliği'nden kopan Doğu Avrupa ülkelerine de yeşil ışık yakıldı (Kasım 1994). Türkiye'nin tam üyelik konusu ise tamamen gündemden çıkarıldı. Artık böyle bir konu Brüksel'de bulunmuyordu. Bu nedenle, önce gümrük birliğine giriyoruz, bu tam üyeliğin bir safhasıdır, zaten 1963 anlaşması ve Katma Protokol de bunu öngörüyordu gibi ifade ve yaklaşımlar, kamuoyunu yanlış yönlendirmek ve yanlış bilgilendirmekten başka bir şey değildi. Çünkü Türkiye'ye, sadece gümrük birliği için yeşil ışık yakılmıştı. O da, bazı koşulların yerine getirilmesine bağlı olarak.

Türkiye ile AB arasında ilişkileri yöneten Ortaklık Konseyi (bu bir kurumsal yapıdır) Türkiye'nin zorlamaları ile 20 Eylül 1991'de toplanabilmiştir. Bunu Kasım 1992 toplantısı izlemiştir. 1993 gümrük birliği yönlendirme komitesi toplantılarında ise 1994 ve 1995 gümrük indirim takvimleri belirlenmiştir. Türkiye, son olarak, 1994 içinde, takvime uygun olarak yükümlülüklerini yerine getirdi.

Türkiye, yoğun bir biçimde (1991-1994 dönemi) gümrük birliğine Türkiye'nin uyumu çabaları içine girerken, sanki diğer alanlarda hiçbir şey olmamış, Türkiye yarın, gümrük birliğini takiben, AB'ye tam üye yapılacakmış gibi hareket etmektedir. Gerçekte ise böyle bir şey söz konusu değildi.

Zaten 6 Mart 1995 belgesinde de, "Türkiye'nin bu belge ile, AB ile bütünleşmenin son safhasına değil, Gümrük Birliğinin son safhasına girdiği" ifade ediliyor. Orijinal metinden Türkçe'ye yapılan bazı çevirilerde, yanlış çeviri yapılarak, sanki Türkiye'nin, AB ile bütünleşmenin son safhasına girdiği şeklinde ifade kullanılmıştır.

Türkiye'de, gümrük birliğinden yarar görecek çevreler ve bunların lobileri, madalyonun bir yüzünün ortaya çıkmasına imkân vermişler, diğer yüzünü saklamışlardır. Konunun bütün boyutlarını (ana hatları ile) ne TBMM, ne akademik çevreler, ne yüksek bürokrasinin geniş bir kesimi bilmemekteydi. Konunun püf noktalarını, Dışişlerinin ilgili birimi, Hazine ve DPT müsteşarlıkları bilmekteydiler. Onların yaptığı bazı kritik rapor ve değerlendirmeler ise, nedense, konuyu tartışması gereken çevrelere bir türlü yansıyamamakta idi.

DPT 1994 yılı Haziran ayında hazırladığı bir raporda; a) Türkiye'nin AB'nin bugüne kadar imzaladığı anlaşmaları (Üçüncü ülkelere) kabul edemeyeceğini, b) AB'nin dış ticaret politikasına uyamayacağını (çünkü tam üye değil) c) tam üyelik olmadan, siyasal yetki devri yapıldığını belirtmiştir.

Özel sektör içindeki bazı kurumlar ise, gümrük birliğine katılmanın ektilerini sadece "kendi sektörleri" açısından değerlendirdiler.

Gümrük Birliği Belgesi Neden Tek Yanlı İdi?

Türkiye-AB Ortaklık Konseyi kararı olarak 6 Mart 1995'te imzalanan ve 1.1.1996'da yürürlüğe girmesi için AB Parlamentosu tarafından da onaylanan Gümrük Birliği, Türkiye için ne anlam taşıyor ve ne gibi sonuçlar doğuruyordu?

Bu konu, Türkiye'de ilgili çevreler tarafından tartışılmamıştı. 6 Mart 1995 anlaşması gizli bir belge gibi saklanmış, ancak anlaşma imzalandıktan birkaç hafta sonra kamuoyuna dağıtılmıştı. Hükümetin neyi imzaladığının, Türkiye'yi ne gibi yükümlülükler altına soktuğunun anlaşılabilmesi için, anlaşma metninin Türk kamuoyuna, aylar öncesinden dağıtılarak ilgili kesimlerde tartışmaya açılması gerekirdi.

Türkiye bazı egemenlik haklarını AB'ye devrediyordu. TBMM'de tartışılması ve onaylanması gerekiyordu. Üstelik bu devir, "tek yanlı" idi. Diğer ülkeler, AB'nin içine tam üye olarak girerken bile, bu yetki devirlerini ya parlamentolarından geçirdiler, ya da halk oylaması yaptılar.

Anlaşma Türkiye'nin zararına, çok önemli bazı maddeler içerdiği için tartışmaya özellikle açılamamıştır. Türkiye AB ile başka bir örneği olmayan bir anlaşmanın altına imza atmıştır. Sadece Gümrük Birliğine dahil olunamazdı, tam üyelik ve GB bir bütündü. O gün 15 üyeli AB göz önüne alındığında, ülkelerin ya önce tam üye olup GB'ne sonradan dahil oldukları veya tam üyelik ve GB'ne katılımın eş zamanlı olduğu görülür.

Türkiye, tam üye olmaksızın sadece GB'ne girmekle; "tam üyelerin ulusal çıkarları doğrultusunda yönlendirilen bir ticari mekanizmaya, otomatik olarak uymak zorunda olan" bir ülke konumunda oldu.

İmzalanan Anlaşma, 1963 Ankara Antlaşması'nın Doğal Sonucu Değildi

Türkiye 1963'te Ankara Anlaşması'nı imzalarken, 1970'te katma protokol'ü yaparken öngörülen hedef; "diğer üyeler statüsünde AB'ye girmekti" Ayrıca, o zamanki (1963'teki) AET, bugün, bir ticari ve ekonomik ortaklık olmaktan çıkmış özellikle 1991 Maastricht Anlaşması'ndan sonra, hem siyasi; hem de ekonomik bir konfederasyon haline gelmişti. 1991'de Maastricht Anlaşması yapılınca AT üyeleri, yeni yapılanma doğrultusunda derhal ulusal parlamentolarına gitmişler ve yeniden karar çıkartmışlardır. Bunun siyasi anlamı şudur: AT, Avrupa Birliği olarak yeniden yapılanmaya gidiyordu, siyasi ve ekonomik birlik alanında yeni adımlar atılıyordu, biz yolumuza devam edeceksek, ulusal parlamentonun yeniden karar vermesi gerekirdi.

Türkiye ise, 1963'te yapılan ve hedefi tam üyelik olan bir çerçeve anlaşmaya dayanarak, 6 Mart 1995 belgesini imzalamış ve tam üye olmadığı bir birliğe bazı hükümranlık haklarını devretmiştir. Bir taraftan tam üye olmadığı için, AB'nin üst karar organlarında yer almıyor, öte yandan bu organların yönettiği ve yönlendirdiği mekanizmalara ve politikalara uyma yükümlülüğü altına giriyordu.

Diğer taraftan 1970 Katma Protokolü'nde yer alan ve tam üyeliğe gidiş için geçiş dönemi özelliği taşıyan dönemde Avrupa Topluluğu, (4) esastan (3)'ünü ortadan kaldırmıştır. 1973-1995 döneminde;

- Malların serbest dolaşımı

- İşgücünün serbest dolaşımı

- Sermayenin serbest dolaşımı

- Mali yardım (özellikle 1981, IV. Mali protokolü)

Topluluk tarafından yükümlülükleri yerine getirilmesi gereken temel unsurlardı. Bunlardan sadece bir tanesi (sanayi mallarında gümrüksüz ithalat) yerine getiriliyor, diğerleri gerçekleştirilmiyordu. 6 Mart belgesi de aynı niteliktedir. Geçiş döneminde topluluğun yükümlülüklerini yerini getirmesi için, başta serbest işgücü dolaşımı olmak üzere diğer yükümlülüklerini de yerini getirmesi gerekirdir.

Dolayısıyla 6 Mart belgesi, ne 1963 anlaşmasının, ne de 1970 protokolünün öngördüğü ekonomik, sosyal ve siyasal unsurları içermektedir. Türkiye lehine olan bütün unsurlar ayıklanmış, tam üyelik ise tamamen gündemden çıkartılmıştı. O halde Türkiye neyi imzalamıştı? İşte bu sorunun karşılığının, açık ve net verilmesi gerekir: Türkiye kendisini tek yanlı olarak AB'ye bağımlı kılan bir anlaşmayı imzalamıştı. Türkiye'nin tam üyeliğinin sözü bile edilmemektedir.

6 Mart 1995 Anlaşması Türkiye'yi Hangi Tek Yanlı Yükümlülükler Altına Soktu

Türkiye, tek yanlı olarak, şu yükümlülükler altına girmiş bulunuyor:

Türkiye, AB çıkışlı sanayi malları için anlaşma yürürlüğe girince sıfır gümrük ve fon uygulayacak ve 3. ülkelere karşı AB'nin ortak gümrük tarifesine geçecek (1995'te %6) Sıfır gümrük ve fon uygulanması normal bir yükümlülük, ancak üçüncü ülkelere karşı ortak tarifeye uyum normal değildi. Çünkü Türkiye tam üye değildi ve bu tarifeyi belirleyen üst organlarda bulunmuyordu. AB örneğinde veya dünyanın başka bir yerinde kurulmuş bir gümrük birliğine bağlı olması için "eşit statüde bir üye" olması gerekir. Türkiye'nin konumu ise, bir sömürge ile yöneten ülke arasında olacak türdendi. Eskiden, Avrupa ülkelerinin Afrika ve Asya'da uyguladıkları örneklerde olduğu gibi.

Türkiye'nin Üstlendiği Yükümlülükler

Yukarıda belirtilen hususların dışında, 64 maddelik anlaşmada öyle hükümler vardı ki, "ortaya konan yükümlülükler ancak tam üye olan bir ülke tarafından yerine getirilebilirdi". Şimdi bunların ne olduğunu görelim.

a) Türkiye, AB'nin dış ticaret politikasına uymak zorundaydı. 64 madde içinde, değişik maddelerde bu ifade yer almaktadır. Deniyor ki AB'nin dış ticaret politikası, gümrük birliğinin ayrılmaz bir parçasıdır. Türkiye mademki gümrük birliğine dahil olmaktadır, o halde, AB'nin dış ticaret politikasına da uymakla "yükümlüdür". Peki dış ticaret politikası neleri kapsıyor? Hemen hemen her şeyi, AB'nin üçüncü ülkelerle yaptığı ve yapacağı ticaret anlaşmaları, üçüncü ülkelere uygulanacağı ticari ambargoları, ihracatın teşviki ile ilgili bütün bu uygulamaları ve politikaları tam üyelerin ulusal çıkarları doğrultusunda, tam üyelerin yer aldığı AB üst kuruluşları belirliyor.

Türkiye tam üye olsa idi, bu politikaların ve uygulamaların belirlenmesine katılacak, gerekirse veto hakkını kullanacak ve "kendi ulusal çıkarlarının AB dış ilişkilerine yansımasında etkili olabilecekti". Ancak 6 Mart anlaşmasına göre, Türkiye'ye sadece bilgi verilecek ve görüşü alınacaktı. Karar mekanizmalarında Türkiye bulunmuyordu.

Bu durumda Türkiye, gıyabında belirlenen dış ticaret politikalarına uymakla yükümlü oluyor. Bu nedenle, tam üyelik ve GB birlikte yürür ve yalnızca GB üyeliği diye bir sistem ve uygulama olamaz. Dünyada da başka bir örneği (sömürge örnekleri dışında) bulunmuyor.

Türkiye'nin, Gümrük Birliği'ne girince, AB'nin dış ticaret politikalarına uyması zorunluluğu, "Türkiye'nin, genelde dış ilişkilerinin Brüksel tarafından yönlendirilmesi" anlamına gelir. Çünkü AB dış ticaret politikasını belirlerken, dış ilişkilerinin de AB tarafından idare edilmesi sonucunu doğurur. Görülüyor ki mesele, yalnızca gümrük tarifeleri meselesi değildir. Dış ticaret politikalarına bağımlılık ile ilgili maddeler, 16. madde ile 52.-64. maddelerde yer alan bölümlerde gösterilmiştir.

b) Türkiye'nin, AB'nin bugüne kadar üçüncü ülkelerle imzalamış olduğu ve ileride de imzalayacağı "ticaret anlaşmalarına uyma zorunluluğu; 16. maddeye göre Türkiye, AB'nin otonom rejim ve imtiyazlı ticaret anlaşması olarak" üçüncü ülkelerle yapmış olduğu bütün anlaşmalara 5 yıl içinde uymayı taahhüt etmektedir. AB üçüncü ülkelerle anlaşmaları, tam üyelerin çıkarları gerektirdiği için yapmıştır. Tam üye olmayan Türkiye, Gümrük Birliği'ne katıldığı için, Gümrük Birliği sistemine dahil olduğu için, kendi gıyabında imzalanan bu anlaşmalara, aynen AB tam üyeleri gibi, uymakla yükümlü olmaktadır. Halbuki, bu anlaşmalar, Türkiye'nin ulusal çıkarları ile ters düşebilir. Nitekim, AB, Kıbrıs Rum Yönetimi ile serbest ticaret anlaşması (imtiyazlı ticaret anlaşması) imzaladığından Türkiye de kademeli olarak, 5 yıl içinde, Kıbrıs Rum yönetimi ile, karşılıklı gümrüklerini sıfıra indirmek durumunda kalmakta idi. 6 Mart anlaşmasının ekinde ülke isimleri belirtilmiştir. Bunlar içinde Kıbrıs (Kıbrıs Rum Yönetimi) de bulunmaktadır. Yarın Azerbaycan ile Ermenistan arasında yeni bir ihtilaf çıkabilir ve AB, kendi politikasına göre, Azerbaycan'a ticaret ambargosu koyabilir veya Ermenistan Rumlarla olduğu gibi, gümrüksüz ticaret anlaşması yapabilir. GB içinde bulunan Türkiye, AB'nin bu uygulamalarına uymakla yükümlüdür. Eğer uymazsa, AB karşı önlem alma hakkına sahiptir (müeyyide uygular, madde 16).

AB tarafından üçüncü ülkelerle bugüne kadar yapılmış olan ve yarın da yapılacak olan ticaret anlaşmalarına Türkiye'nin uyma zorunluluğu, Türkiye'nin ulusal politikası ile ters düşebilir. Türkiye ise, karar organlarında yer almadığı için bu kararların alınmasında bir etkiye sahip değildir. Bu durum bile, "niçin yalnızca GB sistemine dahil olunamayacağını" açıkça göstermektedir.

c) Türkiye üçüncü ülkelerle tercihli ticaret anlaşması yapma hakkına sahip değildir. Yapabilmesi için anlaşmanın GB sitemini hiç etkilememesi gerekir. Ya da AB'nin o ülke ile benzer bir anlaşmasının bulunması gerekir. Örneğin, Türkiye ihracat kredisi vererek ticaret yapmak istiyorsa (özel nedenlerle), Türkiye'ye giren mal, Türkiye Gümrük Birliği içinde olduğu için, AB gümrük sisteminin işleyişini etkiler. Türkiye, örneğin bir Türk Cumhuriyeti ile (Asya'da) özel nedenlerle böyle bir ilişki içine girmek isteyebilir. Ancak bu durum AB'nin müdahalesine yol açar. Çünkü Türkiye'ye 3. ülkelerin mal satması veya alması için imtiyazlı bir durum yaratmıştır (imtiyazlı ticaret anlaşması imzalamıştır). Bir AB üyesi (veya firması), AB Yüksek Adalet divanına başvurarak Türkiye'nin bu uygulamasını durdurabilir.

Yukarıda belirtildiği gibi (2 nolu paragraf) Türkiye, AB'nin 3. ülkelerle imzaladığı imtiyazlı ticaret anlaşmasına uymakla yükümlüdür. AB'nin imzaladığı anlaşmanın, GB'ni ne şekilde etkilediğini (olumlu-olumsuz) tartışamaz. Çünkü bu anlaşma tam üyelerin katıldığı organların aldığı bir kararla yapılmıştır.

Buna karşılık Türkiye, bir 3. ülke ile imtiyazlı bir ticaret anlaşması yaptığı zaman, "bunun GB sistemini olumsuz etkilememesi gerekir" şeklinde bir hüküm vardı ve eğer böyle bir etki görülür ise bu anlaşma uygulanamaz. Bu konuda da tek yanlı olarak bir bağımlılığın (veya çifte standardın) ortaya çıktığını görüyoruz.

d) Madde 64'e göre Türkiye, AB Adalet Divanı'nın, Gümrük Birliği ile ilgili olarak aldığı bütün kararlara (içtihatlara) ve ileride alacağı kararlara, kesin olarak uymakla yükümlüdür. Öyle ki, bu kararlar, TBMM'nin iradesinin üzerindedir. AB hukuk düzeni bunu gerektiriyor. Ancak AB hukukunu yapanlar tam üyelerdir. Adalet Divanı'nda tam üyelerin hakimleri oturmaktadır.

Türkiye, yalnızca GB'ne dahil olduğu halde 64. maddeye göre tam üyelerin egemenliği altına girmektedir. Türkiye'nin böyle bir yükümlülük altına girebilmesi için:

a) Tam üye olması gerekirdi. O zaman AB hukuk düzeninin yapılışında etkisi olurdu, gerekince veto kullanılabilirdi, yüksek Adalet Divanı'nda hakimi bulunurdu.

b) Anlaşmanın bu maddesinin (64. madde) TBMM tarafından onaylanması veya referandumla kabulü gerekirdi.

1991 yılında tam üyeler, Maastricht anlaşmasından sonra, derhal parlamentolarına gittiler, yeni onaylar aldılar. Onlar tam üye oldukları halde bunu yaptılar. Türkiye ise;

a) Tam üye değildir, karar organlarında bulunmuyor

b) TBMM'den genel nitelikte bir çerçeve anlaşmayı 1963 yılında geçirmiştir. 1963'ten bugüne kadar AB'nin bütün siyasi çatısı değişmiş ve ekonomik ve ticari ortaklıktan bir konfederasyona dönüşmüştür.

Bu iki nedenle 64. madde, devletler hukuku bakımından açıklanması imkânsız bir durum yaratmıştır.

c) Türkiye 6 Mart 1995 anlaşmasına göre GB'ni ilgilendiren bütün konularda, AB'nin çıkaracağı mevzuata uymak, onun paralelinde kanunlar ve yönetmelikler çıkarmak zorundadır. 52'den 64'e kadar olan birçok maddede bu husus açık bir şekilde belirtiliyor.

AB'nin GB ile ilgili olarak yapacağı yeni mevzuatın bir bölümü, normal olarak, piyasa mekanizmasının, pazar ekonomisinin rasyonel işleyişi ile ilgili olacaktır. Bu tür mevzuatın paralel hale getirilmesi, işin siyasi yanı bir kenara bırakılırsa, pratikte bir sorun yaratmaz, hatta yararlı olur. Ancak GB ile ilgili mevzuatın tamamını bu kapsamda düşünmemek gerekir. AB konfederasyonunun dış politikası, mali politikası, sosyal politikası GB'ne yansıyacaktır. GB ile ilgili yeni mevzuat, tam üyelerin kendi çıkarlarını gerektirdiği sosyal, mali, siyasi unsurların bir uzantısı olarak GB içine girecektir. Kısacası, tam üyeler ulusal maksimizasyonlarının bir armonisi olarak GB sistemine yansıyacak bütün mevzuat değişikliklerine Türkiye uymakla yükümlü oldu. (Kısacası TBMM'nin yerini, AB üst kurumları aldı.)

Eğer Türkiye tam üye olsaydı bir sorun yoktu. Türkiye kendi siyasi, mali, sosyal tercihlerini bu mevzuata yansıtabilecek, gereğinde veto hakkını kullanabilecekti. Ancak, tam üye olmayan Türkiye, bütün bu olanaklardan yoksundur.

Yukarıda belirtilen 5 temel faktör aslında "niçin yalnızca GB'ne katılımın" olamayacağın, GB'ne katılımın, tam üyelikle birlikte olması gerektiğini "açık bir şekilde ortaya koymaktadır" bu nedenledir ki, Türkiye'den başka bu konumda olan bir ülke yoktu ve olamazdı da.

Bu nedenle;

1)- 6 Mart 1995 anlaşması, Türkiye'yi tek yanlı yükümlülük altına sokan bir vesayet anlaşmasıdır.

2)- Karşılıklı çıkarları gözeten dengelerden yoksundur ve;

- ekonomik,

- siyasi,

- hukuki bakımlardan temel dengesizlikler bulunmaktadır.

Uluslararası anlaşmaların sağlıklı yürüyebilmesi için dengeli ve karşılıklı çıkarların koruması gerekir. GB anlaşması bu özelliklerden yoksundur.

AB çok karmaşık bir yapıya sahiptir. Tam üyeler siyasi, hukuki ve ekonomik bakımlardan, sistemi sağlam ve dengeli temeller üzerine oturtmalarına rağmen önemli sorunlarla karşılaşıyor ve çözmekte zorlanıyorlar. Türkiye ise, siyasi ve hukuki sistemin dışında tutulmuş, tam üye yapılamamıştı. Ancak, tüm üyelerin yükümlülükleri altına sokulmuş, dengesiz ve yapay bir düzenlemede, sorunların üstesinden gelmek imkânsızdır.

Hiç sorun çıkmaması için Türkiye'nin her söylenene evet demesi yani vesayet sistemini uyumlu bir şekilde kabullenmesi gerekir.

Neler Yapılması Gerekiyordu? Neler Yapılmalı?

Normal olarak, AB'nin "Türkiye ile tam üyelik ve GB konusunun birlikte ele alınması" gerekirdi. Aynen, GB'ne dahil olan yeni tam üyeler gibi. Ancak AB Türkiye'yi tam üye yapmamaya karar verdikten ve 1989'da tam üyelik başvurusunun nazikçe reddedilmesinden sonra Türkiye'nin AB ile yakınlaşma ve entegrasyon biçimini yeni bir yapıya oturtması gerekirdi. Mademki AB Türkiye'yi tam üye yapamıyordu ve kendine göre rasyonel nedenleri vardı, o zaman amaç ticari entegrasyon şeklinde ortaya konmalı idi. Türkiye gümrüklerini indirir, mal dolaşımı serbestleşir, Türkiye ve AB pazarları arasında ticari entegrasyon sağlanırdı. Aynen bugün Norveç'in AB ile ticari entegrasyonu gibi. Bunun için hukuki altyapı da hazırdı, Türkiye EFTA ile 1992'de ticari ortaklık anlaşması yapmıştı EFTA da AB ile Avrupa Ekonomik Bölgesi adı altında ticari entegrasyona gitmişti. Tam üye yapılmayan Türkiye, "tam üyelik olmadan GB'ne katılma olamaz, aramızdaki ticari entegrasyonu bu yolla sağlayalım" diyebilirdi. Yanlış değerlendirmeler, bazı lobicilerin gereksiz gayretleri ve karar mekanizmalarındaki bilgisizlik Türkiye'yi 6 Mart anlaşmasına getirdi. Devlet kurumlarının bazıları uyarıcı raporlar da hazırlamışlardı. En geniş kapsamlı çalışmayı yapan DPT'nin bu çalışmaları siyasiler tarafından göz ardı edildi. Siyasiler burada stratejik bir hata yaptılar. İkazlara rağmen hatalarını görmemekte (hatta saklamakta) direndiler. Böylece Türkiye'yi içinden çıkılması imkânsız bir sorunlar yumağının içine ittiler.

Dünyadaki uygulamaları, iktisat teorisi ve uluslararası ilişkileri inceleyen bir uzman, "tam üyelik olmadan niçin yalnızca GB'ne katılımın olamayacağını" net bir biçimde görebilir.

Türkiye'nin 6 Mart 1995'te imzaladığı belge, çok açık olarak, tek yanlı bir belgedir.

ALTINCI BÖLÜM

GÜMRÜK BİRLİĞİ NASIL BİR ANLAŞMADIR?

6 Mart 1995 anlaşması (kararı) ilk bakışta, "Türkiye ile AB arasında, gümrük sınırları (siyasi sınırlar) içinde sınai mal dolaşımını düzenleyen" bir anlaşma gibi görülüyor. Sanki, Türkiye'yi büyük bir pazarla birleştiren bir karar özelliği "esasmış" gibi değerlendiriliyor. Ancak olay gerçekte böyle değildir. Hukuki ve siyasi bakımlardan, Türkiye'yi, AB üst karar organlarının denetimine sokan noktanın, hakim unsur olduğu, anlaşma metinleri incelenince anlaşılmaktadır.

Türkiye zaten, 1971'de, Topluluğun (AB'nin), tekstil kotaları dışında tüm sınai mallara sıfır gümrük uygulaması ile, ticari yönden bütünleşmeye, tek yanlı olarak geçmişti. O tarihten 1995'in başına kadar, Türkiye'de kademe kademe, AB çıkışlı mallar için gümrüklerin ve fonların bir kısmını indirilmişti. 1995 başı itibarı ile Türkiye'nin AB çıkışlı mallara uyguladığı gümrük, 12 yıllık listeye dahil mallarda %5, 22 yıllık listeye dahil mallarda %10 dolayına indirilmişti. Fonların önemli bir kısmı ya kalkmış ya da düşük düzeye inmişti. Türkiye'nin, fonlar dahil, AB çıkışlı mallara uyguladığı tarife, 1995 yılı başı itibariyle, ortalama olarak (%17)'dir. Fonlar bu oranın içindedir ve zaten fonlar lüks tüketim mallarından (lüks otomobil, kozmetik gibi) alınmaktaydı. Sonuç olarak, 1995 yılı başı itibariyle, daha 6 Mart anlaşması imzalanmadan da Türk pazarı ile AB pazarı zaten ticari bütünleşme içindedir. Ancak Türkiye, henüz AB üst kurumlarının karar ve yönlendirmelerine bağlı değildir. Dış ticaret politikasında bağımsızdır, Adalet Divanı'nın içtihatlarını uygulamakla yükümlü değildir.

6 Mart GB anlaşması AB tarafından onaylanınca değişken faktörler nelerdir;

- Sınai mallarda AB zaten sıfır gümrük uyguluyor, yalnızca tekstilde, kotaların yükselmesi veya kısmen zaman içinde kalkması söz konusudur.

- 5 yıl içinde AB'den, toplam olarak 3.2 milyar dolar kredi ağırlıklı bir katkı söz konusudur. Ancak, Türkiye'nin sadece gümrük ve fonlardan yıllık kaybı 4.5 milyar dolardır.

AB zaten, daha sonra, para yardımı yükümlülüğünü yerine getirmedi.

Bu iki kalem ekonomik etki dışında, somut bir etki söz konusu değildir. Buna karşılık, Türkiye'nin, tek yanlı olarak yükümlülük altına girdiği siyasi, hukuki ve ekonomik hususlar söz konusudur. Hadisenin bu boyutları incelendiğinde 6 Mart anlaşmasının Türkiye'ye sağladığı avantajların, Türkiye'ye yüklediği faturadan çok düşük olduğu görülür. Hele faturanın siyasi boyutu göz önüne alındığında, "hiçbir bedel karşılığında verilemeyecek unsurları içerdiği" açıkça görülür.

Şimdi bunlar üzerinde duralım ve 6 Mart belgesinin Türkiye bakımından doğurduğu siyasi, hukuki ve ekonomik maliyeti görelim. Türkiye'nin imzaladığı anlaşma, gerçekte,

- Türkiye'nin dış ilişkilerini belirtiyor (madde 16, madde 52),

- Türkiye'nin çıkaracağı kanunları belirliyor (madde 53, madde 54),

- AB Adalet Divanı'nın, TBMM'nin üzerinde bir konuma oturtuyor (madde 64),

- Türkiye'nin AB dışındaki tüm dünya ülkeleri ile ilişkilerini ipotek altına alıyor.

16. Madde ile 52'den 64'e kadar olan maddeler dikkatli olarak incelendiğinde bu gerçek net bir biçimde görülür. Avrupa Birliği'nin bugünkü yapısını bilen bir hukukçu, bir iktisatçıyı da yanına alarak bu maddeleri incelediğinde, "6 Mart belgesinin bir vesayet belgesi olduğunu" açık bir biçimde görür. Daha önce de açıkladığımız nedenlerle, TBMM başkanlığının ve siyasi partilerin anlaşma metnini incelemeye alıp değerlendirme yapmaları ve önlem almaları gerekirdi.

Anlaşmada Türkiye'yi Siyasi Olarak, Tek Yanlı Bağlayan Unsurlar Nelerdir?

Türkiye'nin Dış İlişkileri Üzerindeki Etkiler

Türkiye, yer almadığı ve tam üyelerin yürüttüğü AB üst kurumlarının denetimine giriyor. Nasıl giriyor;

a) Türkiye, AB'nin üçüncü ülkelerle bugüne kadar imzalamış olduğu anlaşmalara, 5 yıl içinde uymuş olacak (madde 16). Bu anlaşmalar AB'nin tam üyelerinin, kendi çıkarları doğrultusunda, politik ve ekonomik tercih ve önceliklerine göre imzaladıkları anlaşmalardır.

b) Türkiye, AB'nin, bundan sonra da, üçüncü ülkelerde imzalayacağı bütün tercihli anlaşmalara uyum sağlayacak (değişik maddelerde, Türkiye'nin, AB'nin izleyeceği dış ticaret politikalarına uymasının zorunluluğu belirtiliyor). Demek ki, sadece mevcut anlaşmalar bakımından da Türkiye yükümlülük altındadır (Madde 55).

c) Anlaşmalar dışında, Türkiye, AB'nin dış ticaret politikalarına uyacak, AB bir ülkeye ticari kısıtlama getirir, ambargo uygularsa Türkiye buna uymak zorunda (örnek; AB Adalet Divanı'nın KKTC'ye 1994'te koyduğu ticaret ambargosu). Madde 64 diyor ki; Adalet

Divanı'nın malların dolaşımı ile ilgili bir kararı (içtihadı) varsa, Türkiye buna uyar. Bu tür kararlar ticari olmaktan çok siyasi kararlardır. Dolayısıyla, Türkiye'nin dış ilişkilerinde, hangi ülke ile ne tür ilişkilere gireceği AB üst kurumları tarafından belirlenmiş oluyor.

Bu kararlar bazen, doğrudan doğruya, Türkiye'nin nelere uyacağını gösterir; bazen ise, bu uyum dolaylı bir biçimde empoze edilmiş olur.

d) Türkiye'nin 3. ülkelerle imzalayacağı anlaşmalar, dolaylı bir biçimde, AB politikası içine sokularak ipotek altına alınmış oluyor. Örneğin Türkiye, özel olarak ilişkilerini geliştirmek istediği bir ülke ile (Azerbaycan olsun), bir ticaret anlaşması yapmak istiyor; 6 Mart belgesine göre, Türkiye'nin yapacağı bu anlaşmanın, AB'nin Gümrük Birliği sistemini olumsuz etkilememesi gerekir. Bu ülkeden Türkiye'ye giren sınai mal, AB Gümrük hududunun içine girmiş sayılıyor, çünkü Gümrük Birliği var. Eğer Türkiye, imtiyazlı bir kredi sistemi ile böyle bir ilişkiye girmişse, "Türkiye, GB sistemi içinde rekabeti bozmuş kabul edilir" ve anlaşma engellenir.

Dolayısıyla, Türkiye'nin üçüncü ülkelerle yapacağı ticari ve mali anlaşmalar, mutlaka AB Gümrük Birliği sisteminin işleyişini etkiliyorsa, Türkiye Brüksel'e hesap vermek zorundadır (madde 56).

Bu muğlak madde, Türkiye'nin üçüncü ülkelerle yapacağı ikili ticaret anlaşmalarını "Brüksel'in gözetimi altına" sokmakta ve kısıtlamalar getirmektedir. Böylece "Türkiye, tam üye olmadığı halde, tam üyelerin belirlediği dış ilişkiler şablonuna, bir tam üye yükümlülüğü ile sokulmuş olmaktadır."

Yukarıda belirtilen 4 husus, anlaşma metninde yer alan maddelere göre, Türkiye'nin dış ilişkilerini, AB ipoteği altına sokmaktadır. Dolayısıyla, ticari bir anlaşma metni gibi görülen 6 Mart belgesi, siyasi bir sonuç doğurarak, Türkiye'nin dış ilişkilerini, Türkiye içinde yer almadığı AB üst kuruluşları tarafından yönlendirilmesine ortam hazırlamaktadır.

Gümrük Birliği Mevzuatına Uyma Zorunluluğu

Brüksel açısından işin mantığı şudur; Türkiye mademki GB'ne giriyor, o halde, GB ile ilgili olarak çıkarılacak her türlü mevzuata paralel kanunlar çıkararak uymalı, Adalet Divanı'nın içtihatlarını uygulamalı. Bu bakış açısı, tam üyeler için doğrudur. Çünkü onlar, GB ile ilgili olarak çıkarılacak yeni mevzuatı yapan kurumlarda yer alırlar, kendi ülkelerinin görüş ve çıkarlarını korurlar, gereken hallerde veto haklarını da kullanabilirler. Türkiye ise tam üye olmadığı için kendi dışında, tam üyelerin çıkardığı mevzuata paralel mevzuatı yapmak yükümlülüğü altında kalıyor. Burada denebilir ki, olsun varsın, bunlar yararlı mevzuattır, Türkiye de buna uysun. Bu son ifadenin yarısı doğru ise diğer yarısı da tamamen yanlıştır.

Çünkü; bu tür mevzuatı ikiye ayırmak gerekir; a) Piyasanın daha verimli ve iyi çalışması için getirilen mevzuat. Bunlara uymak bir sorun değil, yararı da var. b) İkinci grup mevzuat ise, AB kurumlarının siyasi sosyal mali politikalarının yürütülmesi için GB sistemine getirilen mevzuattır. Sorunlar burada başlıyor. Çünkü AB'nin tam üyelerinin siyasi, sosyal, mali politikaları, örneğin istihdam politikaları, AB tam üyelerinin çıkarlarına uygun olabilir ama Türkiye'ninkine ters düşebilir... Türkiye, bunlar ters düşse bile, GB çarkı içinde olduğu için, bütün bu mevzuata uymak zorundadır. Çünkü bir ucu GB'ne uzanmaktaydı; Türkiye'nin GB sistemi içindeki yerini bilmek gerekir. AB içinde GB diye ayrı tüzel kişiliği olan bir kurum yoktur. Kurum AB'dir. GB, AB'nin, bir bütün olarak ve birbirleri ile bağlantılı olarak işleyen çarklarının sadece bir tanesidir. İşte bu nedenle, sadece GB'ne katılma diye bir hadise olamamaktadır. Türkiye örneğinde olduğu gibi, bunu yapay bir biçimde "oldurmaya" çalışmak, dengesiz ve tek yanlı bir montaj hadisesinin doğmasına yol açar. İşin temelindeki sakatlık buradan kaynaklanıyor. Bu nedenle tam üyelik ile GB birlikte yürür. Bu nedenle, AB'ne GB'ne dahil olan ülkeler, aynı zamanda tam üyedirler. *Tüm üye olacaklar ve karar organlarında yer alacaklar ki, 10 ayrı çarkın, birbirleri ile bağlantılı olarak işlemesini yönlendirebilsinler. Bu teknik mesele anlaşılmadığı sürece, Türkiye'de hiç kimse, GB'ne girişin ne anlam taşıdığını (veya taşımadığını) tam olarak göremez.*

Şimdi gelelim esas meselemize; Türkiye'nin yukarıda açıklanan koşullar altında, GB ile ilgili olarak AB'nin getireceği tüm yeni mevzuata uyum sağlama zorunluluğu şu çelişkili durumu yaratır; "Tam üyeler GB ile ilgili yeni mevzuatı kendi ulusal çıkarlarının bir armonisi olarak getireceklerdir." Bunların bir kısmı Türkiye'nin de çıkarlarına uygun olabilir. Ama diğer bir bölümü de, muhtemelen ters düşebilir. Çünkü, yukarıda da belirtildiği gibi, GB, AB'nin sosyal, siyasal, mali politikalarının bir vasıtasıdır; bu politikaları gerçekleştirmek için kullanılan zeminlerden, çarklardan bir tanesidir.

Görülüyor ki, sadece ticari bir bölüm veya çark gibi görülen GB, gerçekte, AB bütünlüğü içinde bir parçadır. "Türkiye için, sadece bu bölüme bağımlılık, sonuçta, AB'nin diğer politikalarına da bağımlılık olmaktadır". O halde Türkiye, AB tarafından yönetilen GB içine girmekle, diğer politikalar bakımından da tam üyelerin denetimine girmiş olmaktır.

GB'nin yeni mevzuatına uyum zorunluluğu, Türkiye'yi, dolaylı olarak AB politikalarına uymaya zorlamış olmaktadır. Bu bakımdan, hadisenin bir ayağı ticari ise, diğer ayağı da siyasidir.

Anlaşma metninin maddeleri incelendiğinde, birçok maddede şu hususun vurgulandığını görüyoruz;

- Esas olan GB'ne uyumdur.

- Türkiye'nin üçüncü ülkelerle yapacağı anlaşmalarda GB esastır.

- Türkiye, GB'nin işleyişini olumsuz etkileyebilecek bir anlaşma yapamaz.

- Türkiye'nin bir iç veya dış uygulaması veya çıkaracağı bir mevzuat GB'ni olumsuz etkilememelidir.

İlk bakışta çok doğal görülen bu ifade ve vurgulamalar, sonuçta Türkiye'nin elinin kolunun bağlanmasına ve pek çok faaliyetin, AB'nin sosyal, politik, mali, ekonomik, ticari hatta askeri politikalarına bağımlı olması sonucunu doğurmaktadır. Bu politikaları ise, tam üyeler üst organlarda, kendi ulusal çıkarları doğrultusunda yapmaktadırlar. Türkiye'nin bu kararlara katılımı söz konusu değildir, çünkü tam üye değildir.

AB Adalet Divanı'nın TBMM'nin Üzerindeki Konumu

Adalet Divanı tam üyelerin hakimlerinden meydana gelir ve uluslarüstü AB hukukunun kollayıcısıdır. Hem hukuk düzeni olarak, hem de Divan olarak tam üyelerin çıkarlarının damgalarının vurulduğunu görüyoruz.

Adalet Divanı'nın kararlarına Türkiye, kesinlikle uymak zorundadır. Bu hem, AB hukuk düzeni açısından böyledir, hem de 64. madde, "yumuşak ifadesine rağmen", bu konuda kesin bir hüküm koymaktadır. Tam üyelerin hakim olduğu bir düzen içinde ve hakimlerinin yer aldığı bir Adalet. Divanı karşısında Türkiye, "kararlara uymak zorunda olan" bir konumda tutulmuştur. Böyle olabilmesi için;

a) TBMM kararı ile, madde bazında (64. madde) bu yetki devrinin yapılması gerekirdi.

b) Daha da önemlisi, Türkiye'nin tam üye statüsünde bulunması gerekirdi.

Sadece, 1963'te yapılan ve genel nitelikte olan bir antlaşmaya göre, "yetki devri yapılmış kabul edilemez". Çünkü AB'nin diğer üye ülkeleri böyle yapmamışlardır. Türkiye tam üye olmadığı sürece de, Adalet Divanı'nın kararlarına, tartışmasız uymak konumunda bırakılamaz. 6 Mart anlaşmasının metinleri hukukçular tarafından incelenip tartışılmaya başlanınca, gerçekler su yüzüne çıkacaktır.

Adalet Divanının 64. maddedeki konumu; GB kanalı ile Türkiye üzerinde siyasi ve hukuki bir yönlendirmenin ve tek taraflı bağımlılığın ortaya çıkmasına neden olan bir pozisyondur. Bu bakımdan, siyasi sonuçları olan bir maddedir.

Yukarıda yapılan açıklamalar bir gerçeği açık bir biçimde ortaya çıkarmaktadır. Türkiye 6 Mart anlaşması ile bir ticari bölüme dahil edilmemekte, aynı zamanda AB politikalarına da tek yanlı olarak bağımlı hale gelmektedir. Bu nedenle, 6 Mart anlaşmasını bir "vesayet" anlaşması olarak değerlendirmek gerçeklere uygun bir yargıdır. Bu yargı, anlaşmanın maddelerinde açık bir biçimde görülmektedir. Bu gözlem için hukuk ve iktisat bilgisi yanında; AB'nin nasıl işlediğini de bilmek gerekir. Bu bilgiler bir araya gelince, gerçekten "vahim" bir anlaşmanın altına imza atılmış olduğu görülür.

Verilen özel bilgilerin ve değerlendirmelerin sonucunda ise, 6 Mart anlaşmasının şu özelliklere sahip olduğu anlaşılıyor;

a) Kurulan sistem yapay bir sistemdir. AB Türkiye'yi tam üye yapamadığı için böylesine yapay bir sistem düzenlenmiş ve Türkiye AB'ye tek yanlı monte edilmiştir.

b) Türkiye karar organlarında yoktur, ancak gıyabında alınan kararları uygulamakla yükümlüdür. Tam üye olmadığı halde onlar gibi yükümlülük altına girmektedir.

c) 6 Mart anlaşmasının kurduğu sistem dengesiz ve tek yanlıdır.

d) Ticari gibi görülen 6 Mart anlaşması, Türkiye aleyhine siyasi sonuçlar doğurmakta ve hem ekonomik hem de siyasi olarak Türkiye'yi AB'ye bağımlı duruma getirmektedir.

Bu özellikler göz önüne alındığında, 6 Mart düzeninin Türkiye'-nin ulusal çıkartan ile bağdaştığını söylemek imkânsız hale gelmektedir. Sistem, Türkiye'yi AB'ye yakınlaştıran değil, Türkiye'yi tek yanlı olarak AB'ye bağımlı hale getiren bir sistemdir. Zaten Türkiye'den başka bir örnek de bulunmamaktadır.

Ticari gibi görülen, ancak çok ağır siyasi sonuçlar doğuran böyle bir yapılanma yerine Türkiye AB ile serbest ticaret anlaşması yapmış olsa, bütün bu sorunlar ortadan kalkar ve "AB ile ticari ve ekonomik yakınlaşma, dengeli ve sorunsuz" sürerdi.

Madde Bazında Bazı Değerlendirmeler

1) Madde 16, Türkiye'nin, "AB'nin üçüncü ülkelerle" imzalamış olduğu a) İmtiyazlı ticaret anlaşmaları, b) Otonom rejim düzenlemelerine 5 yıl içinde uymasını zorunlu kılıyor. AB anlaşmaları, politik ve ekonomik tercihleri doğrultusunda yapmış bulunmaktadır. Türkiye bu tercihlere bağlanmış oluyor. Bu anlaşmalar çok sayıdadır ve hangi ülkelerle yapıldığı anlaşmanın ekine konmuştur. Bunlar arasında Kıbrıs (Kıbrıs Rum Yönetimi) de bulunuyor. 16b madde, anlaşmanın diğer maddeleri doğrultusunda yorumlandığında, ileride yapılacak anlaşmalara da Türkiye'nin uyma zorunluluğu doğuyor. Çünkü, "esas olan, GB rejimi içine giren sınai mallara, Türkiye'nin, bir tam üye gibi, uyma yükümlülüğünün bulunmasıdır."

2) Madde 52/1, Türk mevzuatının AB mevzuatına uyumlu hale getirilmesini öngörüyor. Bu doğaldır. Ancak hemen 52/2'de, GB'nin doğrudan doruya işleyişi ile ilgili alanlar sıralanıyor; ticaret politikası (bu dış ticaret politikasını da kapsıyor), üçüncü ülkelerle imzalanan

ve sanayi ürünlerini içeren anlaşmalar (hemen hemen bütün anlaşmalarda sanayi ürünleri bulunur) ve diğerleri sayılıyor. Bu ikisi çok önemli;

Çünkü Türkiye "dış ticaret politikasının ve üçüncü ülkelerle imzalayacağı anlaşmaları AB'nin GB sistemine ve dolayısıyla, AB'nin üçüncü ülkelere yönelik politikalarına uydurmak" zorunda kalıyor. Oysa AB'nin dış ticaret politikası ve üçüncü ülkelere yönelik politikası tam üyelerin ulusal çıkarları doğrultusunda ortaya çıkmış ve çıkacak politikalardır. Birçok konuda, Türkiye'nin dış politikası ve dış ilişkileri ile aynı paralelde olmayabilir.

4) AB, Gümrük Birliği ile ilgili yeni bir mevzuat getirirken, Türkiye'nin iç mevzuatında uyum sağlanması (kanun, kararname, yönetmelik) çıkarması için "haber veriyor" (madde 54). Türkiye buna uymakla yükümlü. Çünkü GB sistemi içinde bulunan Türkiye bunu yapmazsa, GB'ni aksatmış, işleyişini bozmuş kabul ediliyor. Peki, bu yeni mevzuat niçin getiriliyor? Tam üyelerin menfaatleri onu gerektirdiği için. Bu yeni getirilen mevzuat, Türkiye'nin çıkarları ile bağdaşmayabilir. Unutulmaması gereken çok önemli nokta şudur: AB'nin Gümrük Birliği politikası AB'nin mali, ekonomik, sosyal, politik (hatta savunma) politikalarının bir uzantısıdır. Bu konularda benimsenen yeni bir politika, GB'nin işletilişine ve mevzuat değişikliğine de yansır. Dolayısıyla Türkiye, "yalnızca ticari bir çarkın içine tek yanlı olarak sıkıştırılmakla kalmıyor, AB tam üyelerinin sosyal, mali, ekonomik ve siyasi uygulamalarına da dolaylı olarak bağlanmış oluyor".

5) Türkiye, kendi bünyesi içinde mevzuat değişikliği yaparken, bu değişikliğin, kesinlikle GB sistemi üzerinde olumsuz etki yapmaması gerekir (madde 55). Burada, GB sisteminin işleyişi, Türkiye'nin kendi önceliklerinin (ulusal tercihinin) üstündedir. Ancak, yukarıda belirtildiği gibi, "GB sistemi, yalnızca piyasa ekonomisinin iyi işlemesinde gerekli olan özellikleri kapsamaz, aynı zamanda, tam üyelerin ulusal çıkarlarının gereklerini de" yansıtır. Bunun sonucu olarak,

Türkiye, getireceği yeni mevzuat açısından, AB'nin politikasına bağımlı hale gelmiş olur. Burada "kritik nokta", GB sisteminin zamanla, AB tam üyelerinin ulusal çıkarlarının gerektirdiği politikaların ve uygulamaların bir aracı olmasıdır. Eğer Türkiye tam üye olsaydı, o zaman sistem yerli yerine oturacaktı. Sistemdeki dengesizlik ve yapaylık, Türkiye'nin tam üye yapılamamasından kaynaklanmaktadır.

6) Madde 56 incelendiğinde, Türkiye'nin eninde sonunda, AB Gümrük Sistemi'ne uyması sonucunu doğurur. GB Ortak Komitesi'nin kararlarında, GB sistemine uyum esas alınmaktadır. Bu da Türkiye'nin kendi getireceği mevzuat değişikliğinin, AB'nin kendi tercihleri doğrultusunda belirlediği GB sistemine bağımlı olmasını gerektirmektedir. Sistem, bu anlayışın üzerine oturtulmuştur.

7) AB Komisyonu, karar alırken Türk uzmanlara da "danışılacaktır". Bu sadece görüş almak nitelindedir ve nihai karar yine AB organları tarafından verilecektir. Türk tarafı, sadece "danışma sistemi içinde" devreye sokuluyor. Bu durum, tam üye yapılmamanın ortaya koymuş olduğu "dengesiz yapının" tipik bir göstergesidir. Bu dengesiz yapıdan dolayı, Türkiye'den başka, yalnızca GB sistemine dahil olmak isteyen başka bir ülke yoktur ve olacağını da sanmıyoruz. 57. ve 58. maddelerden çıkan sonuç budur.

8) Madde 61'de, Katma Protokol'ün 60. maddesindeki koruma tedbirlerinin geçerliliği belirtiliyor. Ancak hemen madde 62'de, alınan koruma tedbirinde, "GB'ne en az zarar veren önleme öncelik verilecektir" diyor. Koruma tedbiri alırken, karşı tarafın menfaatinin zarar görmemesi -GB'nin işlemesinin önceliği bakımından- esas alınıyor. Karşı taraf zarar görüyorsa (ki mutlaka zarar görür), "dengeleyici önlemler" alabilecektir. Bu durumda Türkiye, Katma Protokoldeki 60. maddeye dayanarak koruma önlemi alacaksa: A) Bu önlem, GB'nin işleyişine olumsuz etki etmemelidir. Bu çok zor bir iş: olumsuz etkileyen bir yön mutlaka bulunabilir. B) AB tarafı, dengeleyici karşı önlem alabilecektir. Bu karşı önlem, mutlaka Türkiye'ye bir

maliyet getirir. Bu durumda koruma mekanizması, geçerliliğini ve etkinliğini büyük ölçüde kaybetmektedir.

9) Türkiye, AB Adalet Divanı'nın kararlarına (içtihatlarına) uymakla yükümlüdür (64 madde). Bu divan tam üyelerin hakimlerinden oluşur ve uluslarüstü kabul edilen AB hukukunu korumakla görevlendirilmiştir. Hakemlik müessesesinin dışında kalan konularda ortaya çıkan ihtilaflarda Divan'ın bu statüsü, 6 Mart 1995'te imzalanan Ortaklık Konseyi kararı ile kabul edildi. TC Dışişleri Bakanının imzaladığı ortaklık konseyi kararı ile Adalet Divanı'na "TBMM'nin üzerinde hukuki statü" tanınmış oluyor. Diğer AB üyeleri de bunu kabul etmişlerdir. Ancak, onlar tam üyedirler ve Adalet Divanı'ndan hakimleri bulunur. Ayrıca bu yetki devrini, referandum veya Parlamento kararı ile yapmışlardır.

6 Mart Belgesinin Türkiye Üzerindeki Etkileri Nasıl İncelenmeli?

6 Mart 1995 anlaşması, eğer "normal bir gümrük birliğine, Türkiye'nin eşit üye statüsünde katılımına olanak veren bir anlaşma olsaydı" o zaman yapılacak ekonomik tahliller ve varılan sonuçlar oldukça farklı olurdu. Normal bir gümrük birliği derken kastedilen şudur: Eğer AB Ülkeleri (15 üye), "sadece, aralarında gümrük duvarlarını kaldırmış ve dış dünyaya karşı orak bir gümrük tarifesi uygulayan" bir yapı içinde olsaydı ve Türkiye de, 16. üye olarak bu birliğe katılsaydı, Türk ekonomisi üzerindeki etkiler,

a) Bir defa, büyük pazar içinde bulunmanın sağlayacağı ekonomik avantajlar ele alınarak değerlendirme yapılardı;

b) İkinci olarak da Türk ekonomisinde, özellikle sanayi ve hizmet sektörlerinin büyük pazar içindeki rekabet koşulları değerlendirilir ve bu koşulların üretim, ihracat, büyüme, yatırımlar, istihdam ve gelir bölüşümü üzerindeki etkileri incelenerek bir sonuca varılırdı, (a) ve (b) şıkları arasında da zaten etkileşim (ilişki) bulunmaktadır.

c) Gümrük Birliği'ne katılımın (normal bir üye gibi katılımın), Türk ekonomisi üzerindeki; (ticaret yaratıcı etkisi,) ticareti (dış) saptırıcı etkisi incelenir ve bunların makro etkileri (refah etkisi) ortaya konarak değerlendirmeler yapılırdı.

Ancak, 6 Mart anlaşması için yukarıdaki analiz yöntemini kullanarak bir sonuca varılamaz. Bunun açık nedenleri ise şunlardır;

a) AB bir gümrük birliği değildir. AB, kendine özgü bir konfederasyon olma yolunda ilerleyen, "geleceğin Avrupa Konfederasyonu' dur". Parlamentosu, Bakanlar Kurulu, Komisyonu (yönetim kurumu) ve Adalet Divanı ile siyasi, hukuki, askeri (BAB - AGSK) sosyal mali ve ticari bir yapılanmadır. Bu konfederasyonun, "Gümrük Birliği" diye adlandırılan ayrı bir ünitesi yoktur. Konfederasyona, ancak tam üye olarak girilir ve tam üye olunduğu zaman da; diğer mekanizmalarla birlikte ticari mekanizma (gümrük birliği) içinde yer alınmış olur.

b) Siyasi, sosyal, askeri, mali ve ticari katlardan oluşan bu kendine özgü konfederasyonun bu bölmeleri birbirlerinden bağımsız değildir. Ticari bölümü ile diğer bölümler arasında karşılıklı bağlar vardır (örnek; AB dış politikası, ticari bölmeye, yani gümrük birliğine yansır.) veya aksi yönde, "bir ülke ile politik sorun çıkarsa, dış ticaret politikasını da buna göre yönlendirerek ticari bölmedeki araçlardan yararlanır" (örnek; ticaret ambargosu, veya ithalatta miktar kısıtlaması).

AB'nin normal bir gümrük birliğinden çok farklı olan bu yapısı karşısında; "Türkiye'nin, AB'nin sadece bir bölmesi olan ticari çarkına (gümrük birliğine) dahil edilmesinin Türk ekonomisi üzerindeki etkileri" nasıl tahlil edilecektir? Bu durumda, Türkiye'nin sadece gümrük birliği niteliği taşıyan bir kuruluşa girmesinde olduğu gibi bir analiz yöntemi uygulanamaz. Eğer AB, yalnızca bir gümrük birliği kuruluşu olsaydı, o zaman, yukarıda belirttiğimiz gibi, büyük pazar içinde bulunmanın etkileri ticaret yaratma ve değiştirme etkileri incelenirdi.

Ancak AB'nin çatısı gözönüne alındığında, "Türkiye'nin, AB'nin yalnızca ticari çarkının içine dahil edilmesinin Türk ekonomisi üzerindeki etkilerini" anlayabilmek için, aşağıdaki başlıkların incelenmesi gerekir:

1) AB'nin dış ticaret politikasına, Türkiye'nin tek yanlı bağımlı olmasının Türk ekonomisi üzerindeki etkileri nelerdir?

2) AB'nin mali, ekonomik ve ticari politikalarına tek yanlı bağımlı olmanın Türkiye üzerindeki etkileri nelerdir? (ticari mekanizmaya bağımlılık diğerlerine de bağımlı yapar.)

3) AB tercihleri doğrultusunda, Türkiye'nin içinde yer almadığı kurumların (Türkiye tam üye değil) belirlediği ve ileride belirleyeceği ekonomik ve ticari mevzuata Türkiye'nin uymak zorunda bulunmasının, Türk ekonomisi üzerindeki etkileri nelerdir?

4) Türkiye'nin içinde bulunmadığı AB, Adalet Divanı'nın ticari meselelerdeki kararlarına Türkiye'nin uymak zorunda olmasının, Türk ekonomisi üzerindeki etkileri nelerdir?

5) Sorunlar yüzünden Türkiye yarın, 6 Mart 1995 anlaşmasına uymadığı takdirde, bunun Türk ekonomisi üzerindeki etkisi ne olur?

Yukarıda belirtilen etkilere, daha başkaları da eklenebilir. Ancak (5) kalem inceleme konusu bile, meselenin ne kadar zor ve karmaşık olduğunu gösteriyor. *Bu zorluk, AB'nin kendi iç mekanizmalarının bozukluğundan kaynaklanmıyor. Bu, "Türkiye'nin, büyük bir sistemin, sadece bir bölmesine bağlanmasından" kaynaklanmaktadır. Türkiye AB içinde, diğer üyeler statüsünde (tam üye olarak) yer almış olsa idi; o takdirde; "AB'nin tek yanlı yönlendirmesi veya Türkiye'nin tek yanlı bağımlılığı ifadeleri ortadan kalkacak", inceleme konuları ekonomi ve siyaset mantığının (ve biliminin) kuralları içinde daha net değerlendirilebilecekti.*

Ancak 6 Mart 1995 anlaşması öylesine büyük dengesizlikler ve çelişkileri içermektedir ki, böyle bir belgenin mantığı (veya mantıksızlığı) içinde iktisadi bir tahlil yapmak da zorlaşmaktadır. *Ancak net olan ve kolay görülen çok önemli bir nokta vardır; "diğer üyeler statüsünde olmayan (tam üye olmayan) bir ülke, sistemin sadece bir bölmesine monte edilirse, sistemin bütün tarafından (AB üst kurumları tarafından) yönlendirilen ve idare edilen bir ülke konumuna düşer".*

Zaten AB'de sadece gümrük birliğine dahil olma diye bir mekanizma (sınıflama) bulunmamaktadır. Bundan dolayı, Türkiye benzeri ilişki kuran başka bir ülke bulunmuyor ve yarın da bulunmayacaktır.

O zaman 6 Mart anlaşmasının Türk ekonomisi üzerindeki etkileri derken, aslında sorduğumuz soru şudur; "Türk ekonomisi AB tarafından idare edilen bir ekonomi olunca, bunun etkileri nasıl olacaktır?" Doğal olarak, soruna sadece ekonomik meseleler içinde bırakmamak gerekir. Daha gerçekçi olmak için soruyu şu şekilde değiştirmek daha uygun olur.

"Eğer Türkiye, AB'nin kendi politik, sosyal, ekonomik ve askeri tercihleri doğrultusunda AB tarafından idare edilirse, bunun Türkiye üzerindeki etkileri nelerdir?"

Bu soru, 6 Mart 1995 anlaşmasının içerdiği maddeleri çok daha iyi ortaya koymaktadır. AB'nin yapısını iyi bilen, iyi bir hukuk ve iktisat bilgisi olan biri (veya birileri) anlaşmada var olan maddeleri önyargısız olarak incelediği takdirde varacağı sonuç budur.

6 Mart anlaşmasının Türkiye üzerindeki etkileri yukarıda sorulan sorunun karşılıkları araştırılarak bulunabilirdi. Ancak bu konular o yıllarda hiç ele alınmadı.

Yedinci Bölüm

TÜRKİYE-AB İLİŞKİLERİNDE SESSİZ DARBE

Türkiye-Avrupa Birliği ilişkilerinde Türkiye tarafında, AB ile ilişkilere yön veren etkili çevrelerin 1989'dan bugüne kadar yürüttükleri uygulamalarda, kesinlikle olmaması gereken şeyler neden olmuştur?

Aslında "olmaması gereken" şeyler Türkiye'nin kabul etmek zorunda olduğu şeyler de değillerdi. Böyle olduğu halde, işler "kamuoyundan, TBMM'den, TSK'den saklanarak" uygulanmıştı. Kamuoyu bilgilendirilmemişti. İşler büyük ölçüde saklanmıştı. Bu anormallikleri sıralayalım.

1. 1989'da AT (AB), Türkiye'nin 1987'de yaptığı tam üyelik başvurusuna "hayır" deyip geri çevirdikten sonra; Özal neden hiç kimseye danışmadan, "AT'ye (AB'ye) tam üye olarak alınmasak da Gümrük Birliği'ne yine de gireceğiz", demişti?

Bunun Türkiye'yi "tek yanlı bağımlılığa götüreceği" açıktı. Ben de kendisine yüz yüze konuşmamızda söylemiştim, hiç anlamamazlıktan geldi. Acaba Turgut Özal "birileri ile istişare ederek mi", Türkiye'yi tek yanlı bağımlılığa götürecek bir sistemi uygulamaya karar vermişti?

Ben bu kararın "Brüksel çevreleri" ile birlikte alındığını sanmıyorum. Çünkü Turgut Özal'ın, "tam üye yapılmasak da Gümrük Birliği'ne gireceğiz" yaklaşımı, Brüksel bürokrasisinde de hayretle karşılanmıştı.

Dr. Eberhard Rhein ile yaptığım görüşmede ben bu izlenimi almıştım(*). Brüksel çevrelerinde, "tam üyelik başvurusu reddedilerek gücendirilen Türkiye'nin, AT (AB) tarafından dışlanmaması için, serbest ticaret anlaşması yapılarak ilişkide tutulması görüşü" düşünülmekteydi.

Buna rağmen Turgut Özal neden Türkiye'yi tek yanlı bağlayan bir düzeni, "daha en baştan, 1989'da kabulleneceğini" Türk kamuoyuna ve Avrupa'ya ilân ediyordu? Türkiye için, elde uygulanabilir daha iyi ve Türkiye'yi tek yanlı bağlamayacak bir düzenleme neden daha en baştan gündemin dışına itiliyordu?

Burada bir terslik ve gariplik vardı. Turgut Özal hükümet üyeleri ile konuşmamıştı, bizzat Ekrem Pakdemirli'den duydum, biliyorum: Kendisine de 2001 yılında beraber çıktığımız Teke Tek programında hatırlattım, kabul etti.

Turgut Özal hükümetle meseleyi konuşmamıştı, bürokrasi ile resmen konuşmamıştı, çünkü vakit zaten olamazdı. 1989'da Brüksel'in "hayır" kararının hemen ardından Turgut Özal açıklamasını yapmıştı.

Burada iki olasılık söz konusudur;

- Turgut Özal, Türkiye'nin AT'ye (AB'ye) tek yanlı bağlanmasına yol açacak kararı tek başına almıştı.

- Ya da Türkiye'de, "hükümet ve bürokrasi dışında" birileri ile görüşerek bu kararı birlikte vermişlerdi.

İkinci olasılığı çağrıştıracak bazı uygulamaların bu yıllar içinde sık sık uygulandığını biliyoruz. Özal, bakanların ya da müsteşarların yapması gereken bazı uygulama ve görüşmeleri "bazı işadamları" ile yürütmüştü, hem de hiç gizlemeden, kamuoyunun gözleri önünde...

(*) Dr. Eberhard Rhein o tarihlerde Avrupa Topluluklarında (AB'de), Akdeniz ülkelerinde sorumlu yönetici konumunda bulunuyordu. Türkiye ile de kendisi ilgileniyordu.

O zaman şu önemli sorunun sorulması gerekir; Acaba istişare ettiği bazı çevreler, "AB'ye ileride de alınmayacak olan Türkiye'nin, AB'ye tek yanlı bağlanmasını mı istemişlerdi"? Eğer böyle bir talep varsa bunun arkasındaki iktisadi ve siyasi gerekçeler, "bu iş çevrelerinin, AB'ye tek taraflı bağlanmış bir Türkiye'de, ülkenin yönetiminde daha etkili olacakları hesabına dayanabilir".

Hükümette ve TBMM'de tartışılmadan, Türkiye için çok daha uygun seçenekler varken, bu seçenekler AT (AB) tarafından da kabul görürken, "Türkiye'nin tek yanlı bağlanmasının sonucunu doğuracak" bir ilişki düzeni neden istenebilirdi ki?

Soğuk Savaş Bitti, Türkiye Batı'ya Bağlanmalı

1989'da Soğuk Savaş sona ererken içeride (ve dışarıda) bazı odaklar, Türkiye'nin AB'ye tek yanlı bağlanmasından ne bekliyor olabilirlerdi?

- Türkiye'de "Batı perspektifinin", öyle ya da böyle, dayatılarak da olsa egemen kılınması mı?

- Türkiye'de askerlerin siyaset dışına çıkarılması mı?

- Ortaya çıkma olasılığı bulunan "toplumsal demokrasi"nin önünün kesilmesi mi?

- Dar bir güç odağının bazı dış çevrelerle birlikte Türkiye'yi yönetmesine altyapı hazırlamak mı?

- Türkiye'de "ulusalcı politikaların uygulanma olasılığından çekinen bazı dış sermaye odakları ve onların içerideki uzantılarının yönetimi", adeta sessiz bir darbe ile ele geçirmek için "uzun vadeli bir politikanın uygulamaya konması mı"?

Türkiye'nin ulusal çıkarları bakımından daha akılcı tercihler bulunurken, üstelik AT (AB) de bu seçeneklere sıcak bakarken neden Türkiye'yi AB'ye tek yanlı bağlayacak "en kötü alternatif" kamuoyuna açıklanıveriyordu?

- Ya da bazı iç odakları ve dışarıdaki ortakları, "soğuk savaş bitince, Türkiye'nin Batı'dan uzaklaşma riskini ortadan kaldırmak için mi" Türkiye'yi tek yanlı bile olsa, Avrupa'ya (ve Batı'ya) bağlamak istiyorlar.

Hem de her ne pahasına olursa olsun; Yunan taleplerinin (Kıbrıs ve Ege) karşılanması, Güneydoğu sınırlarının değişmesi, hatta yeni Ermeni taleplerinin karşılanması pahasına da olsa.

2. Türkiye-AB ilişkilerinde 1992-1995 dönemi de "normal sayılamayacak" bazı gelişme ve olayların "perde arkasında" ancak dar bir çevre tarafından izlenebildiği yıllar oldu.

Cem Duna, Turgut Özal tarafından Brüksel'e "özel bir misyonla" gönderiliyordu. Cem Duna büyükelçi olarak Türk Delegasyonu'nun başında şu misyonu üstlenmişti; "her ne pahasına olursa olsun Türkiye'nin Gümrük Birliği'ne sokulması".

Turgut Özal'ın 1989'da, "AT (AB) içine almıyorlar ama Gümrük Birliği'ne gireceğiz" yönündeki şahsi (ve hükümet) kararı doğrultusunda Cem Duna, Brüksel'e gönderilmişti. Özal'a "çok yakın" bir şahıs olarak biliniyordu. 1992'de Türkiye - AB Ortaklık Konseyi görüşmeleri başladı.

Katma Protokol ve Üç Ayağı Kırılan Masa

AET (AB) ile 1970'de yapılan Katma Protokol oldukça dengeli idi.

- Katma Protokol'ün uygulanmaya başlamasından 22 yıl sonra sınai mal dolaşımı ile ilgili süreç tamamlanmış olacaktı: Yani 1994 sonunda.

- Ancak Katma Protokol'de işgücü dolaşımı ile ilgili ve Türkiye'nin yarar sağlayacağı çok önemli bir madde bulunuyordu; 1986'ya kadar Türk iş gücü, AET (AB) içinde serbest dolaşıma başlayacaktı.

- Hizmetlerin serbest dolaşımı da söz konusu idi. Hizmet alanlarında, Türkiye'nin yararlanabileceği unsurlar vardı.

1985'te iş gücü dolaşımı rafa kaldırılmıştı. Bu, Türkiye'nin en önemli dayanağı idi. Cem Duna'nın başında bulunduğu delegasyon, "Türkiye'nin lehine olan bütün unsurları ortadan kaldırılmış" bulunan Katma Protokol'de sanki bunlar olmamış gibi yalnızca ticari entegrasyonu görüşüyorlardı.

Katma Protokol şu amaçlarla imzalanmıştı:

a) İşgücü, mallar, hizmetler ve sermaye dolanımı öngörülen dönem içinde uygulamaya konacaktı.

b) Dönem sonunda, gerçekleştirilen bu uygulamalarla birlikte, Türkiye AET (AB)'nin tam üyesi olacaktı.

Oysa Cem Duna masaya otururken Katma Protokol'ün öngördüğü dört dolaşımdan üçü tartışılmıyordu. Hele işgücü 1985'te rafa kaldırılmıştı ve Türkiye'nin tam üyeliği de görüşülmüyordu. Dönem sonunda (1994 sonunda) Katma Protokol'e göre Türkiye'nin AET'ye (AB'ye) girmesi öngörülmüştü. 1992-1994 arasındaki görüşmelerde Türkiye'nin tam üyeliği kesinlikle konuşulmuyordu. Sadece tek yanlı bağımlılık koşulları hazırlanıyordu.

O zaman 1992'de başlayan Ortaklık Konseyi görüşmelerinde bir sakatlık, bir terslik ve bir aldatmaca vardı.

- 1994 sonunda Türkiye'nin üyeliği görüşülmüyordu,

- Ancak Türkiye'nin, dışarıdaki bir ülke olarak Gümrük Birliği Sistemine tek yanlı olarak nasıl dahil olacağı görüşülüyordu.

- Cem Duna, Özal tarafından bu misyonla gönderilmişti.

AB'de böyle bir ilişki örneği yoktu. Ülkeler üye olunca sosyal, siyasi, ticari, mali sisteme de dahil olurlardı. Üstelik fakir yeni üyeler, AB'den yüklüce yardım (hibe) alarak bu yükümlülükleri yerine getirirlerdi. Yunanistan 1981'de tam üye oldu, büyük yardımlar aldı. Gümrük Birliği yükümlülükleri tam üyelikten sonra gerçekleşti.

Türkiye "dışarıda" kalıyor ama bir tam üyenin Gümrük Birliği sistemi içindeki yükümlülüklerinin altına tek taraflı olarak giriyordu. Böyle bir ilişki düzeninin siyasi, hukuki, iktisadi bir mantığı yoktu. AB ile bu tür anlaşma yapan başka bir ülke yoktu.

Esas soru; o halde Turgut Özal neden Cem Duna'yı böylesine tek yanlı bir düzenlemeyi ayarlamak için Brüksel'e göndermişti?

Gizlenme ve Pis Kokular

- 1992-1994 döneminde Brüksel'deki Ortaklık Konseyi toplantılarında ilginç görüşmeler oldu. Meclis'e, Hükümet'e çok az bilgi geliyor, adeta haberlere "otosansür" uygulanıyordu.

Bu arada (1992-1993) Devlet Planlama Teşkilâtı bir rapor yayınladı. Raporda, "Türkiye AB'ye tam üye değilse, AB'nin dışında iken, Gümrük Birliği'ne girip AB'nin dış ticaret politikasını uygulayamaz" deniyordu. Bürokrasiden Türkiye'nin ulusal çıkarlarını koruyan bir ses yükselmişti. Ancak bu haklı çıkış susturuldu.

DPT'nin raporu "resmi belge değildir" gibisinden komik bir açıklama yapıldı.

1992-1994 döneminde Cem Duna'nın Türk Delegasyonu'nun başı olarak yürüttüğü görüşmelerde;

a) Türkiye egemenlik haklarını, AB'ye tek yanlı devrediyordu. AB dışında iken, kendisinin içinde bulunmadığı AB kurumlarının aldığı kararlara, tek taraflı uyma yükümlülüğü altına sokuluyordu.

b) Bu örtülü bir sömürge anlaşması idi. Anayasa'ya aykırı idi. TBMM'nin ve Hükümet'in yetkileri tek taraflı olarak AB'ye devrediliyordu.

c) Bu devir, 1963 Ankara Antlaşması'na dayandırılıyordu. Antlaşmaya dayanması için Türkiye'nin tam üye olması gerekirdi. 1963 Antlaşması, "Türkiye'nin AB'ye tek yanlı bağlanması için imzalanmamıştı".

Ancak Anayasamızda "ilginç" bir madde var; "uluslararası antlaşmaların uygulanması konusunda iptal davası açılamıyor". Bu madde acaba gözden mi kaçmıştı, yoksa birileri gözden mi kaçırmıştı? Bu sorunun tartışmasını hukukçulara bırakıyorum.

1992-1994 arasındaki görüşmelerde adeta, "Türkiye'nin AB'ye tek taraflı bağlanmasının altyapısı hazırlanmıştır". Bazı büyük sermaye çevrelerinin bu görüşmeler sırasında, "görüşmelerin çok yakınında" olduklarını da hatırlayalım.

Bu görüşmeleri yürüten Cem Duna, 6 Mart 1995 belgesi imzalandıktan sonra görevinden ayrılmış ve TÜSİAD'a dahil olmuştur. Bu tarihten itibaren, bazı büyük sermaye çevrelerinin AB konusundaki görüşlerinin sözcülüğünü yapmaya başlamıştır.

AB'nin Yeni Türkiye Politikası (1991-1992) ve Ankara ile Brüksel Arasındaki İlginç Oyun

Brüksel Artık bir şeyden emindi;

- Turgut Özal 1989'da yaptığı, "AT (AB)'ye alınmasak da Gümrük Birliği'ne gireceğiz" açıklaması ile, inanılmaz bir biçimde bütün kozları, daha en baştan AB'nin eline teslim ediyordu.

- Bu işin resmi tarafı; "gayri resmi" olarak da Brüksel'dekilerle "çok yakın" temas halinde bulunan bazı iş çevreleri "AB ile işbirliği halinde hareket ediyorlardı".

- Avrupa cenahı "mesajı almıştı", artık Ankara (ve Türkiye) ile yeni düzenlemelerde kozlar adeta Brüksel'in eline altın bir tepside sunuluyordu.

AB bu fırsatı kaçırmadı. Bir taraftan Türkiye'yi AB'ye tek yanlı bağlama düzenlemelerinin hazırlıklarına başlarken öte yandan da Kıbrıs ta devreye giriyordu.

- Ne tesadüf, 1992'de, yani Cem Duna Ortaklık Konseyi görüşmelerine otururken AB'den şu açıklama geliyordu; "Kıbrıs Cumhuriyeti'nin (G.K. Rum Yönetimi) AB'ye tam üyelik için yaptığı başvuruyu değerlendirmeye alıyoruz; bu konuda karar 1994 sonunda verilecektir". 1994 sonu, "Türkiye'nin tek taraflı Gümrük Birliği'nin imzalanıp sıkıştırılabileceği tarihti".

AB'nin yeni Kıbrıs politikası uluslararası anlaşmalara aykırı idi. BM Genel Sekreteri Perez de Cuellar, "sorun zaten karışık, AB'nin bu işe hiç karışmaması gerekir" diye tepkisini ortaya koyuyordu.

Evet, AB hukuk dışı, uluslararası anlaşmalara aykırı bir şey yapıyordu. Ancak, AB'nin Türkiye ile kurmakta olduğu ilişki düzeni de "karşılıklılık esasına, uluslararası teamüllere aykırı idi", yani tek yanlı bir gümrük düzeni oluşturulacaktı. Kurulan ilişki, Türkiye'yi tam üyeliğe götürecek olan bir ilişki düzeni değildi. Ancak bu gerçek gizleniyordu. Kamuoyuna ve ilgililere yeterli bilgi verilmiyordu.

Ankara burada tek yanlılığa rıza gösteriyorsa Kıbrıs'ta da tek yanlı taleplere karşı koyamazdı. Üstelik yıl 1992, Maastricht imzalanmış, Amerika Körfez Krizinden sonra çok fazla aç gözlü gözükmemek için Akdeniz'i AB'ye (Kıta Avrupası'na) bırakmış; Almanya ve Fransa, Maastricht'te "kurulacak" dedikleri Avrupa Ordusu için Kıbrıs'a göz dikmişlerdi bile.

- Bir taraftan Brüksel, "Kıbrıs'ta Artık ben devredeyim" diyor,

- Yine aynı yıl Atina, Güney Kıbrıs Rum Yönetimi ile Ortak Savunma Doktrini'ni dünyaya açıklıyordu. Bu da uluslararası anlaşmalara aykırı idi; AB'den Atina'ya hiçbir tepki gelmedi.

1992 Türkiye-AB ilişkilerinde olağanüstü gariplikler görülüyordu;

- Türkiye-AB Ortaklık Konseyi, "Türkiye ile AB arasında tek yanlı bağlantıya yol açacak bir düzenlemenin" görüşmelerine başlamıştı.

- Türkiye tarafından ise göstermelik rutin tepkiler dışında bir hareket yoktu.

- Türkiye'de TBMM, Hükümetler, TSK, bürokrasi, Türkiye-AB ilişkilerinde neyin olup bittiğini bilmiyorlardı.

- Sadece bazı gazetelerin ve yeni başlayan özel televizyonların "yanlı haberleri" kamuoyunun kafasını karıştırıyordu. Bazı büyük sermaye çevreleri kamuoyunu sistemli bir biçimde yönlendiriyorlardı.

Gümrük Birliği'ne tek yanlı bağlanma, Türkiye'nin AB'ye girişi gibi sunuluyordu.

Sessiz bir darbe ile Türkiye bazı çevreler tarafından AB'ye tek yanlı bağlanıyordu.

1994 ve 1995'teki Dramatik Olaylar Zinciri; Kamuoyu Niçin Aldatıldı?

1994 yılı sonunda Gümrük Birliği'nin imzalanması Ortaklık Konseyi toplantılarında kararlaştırılmıştı.

- Katma Protokol'ün Türkiye lehine olan bütün hükümleri (işgücünün serbest dolaşımı gibi) ayıklanmış ve sadece sınai ürünleri kapsayan ve diğer ürünlerde özel hükümler getiren; Türkiye'yi tek yanlı AB gümrük sistemine dahil edecek belge 1994 yılı sonunda imzalanıyordu. Bu belge, Katma Protokol'ün (ya da Ankara Antlaşması'nın) bir sonucu değildi. Çünkü Katma Protokol tamamen, Türkiye aleyhine değiştirilmişti.

- Gümrük Birliği (ve Katma Protokol) ile birlikte, Türkiye'nin AB'ye dahil olması gerekiyordu. 22 yıllık dönem bunun için öngörülmüştü. Türkiye öngörülen bütün ticari yükümlüklerini yerine getirmiş bulunuyordu.

Ancak kimse, Türkiye'nin AB üyeliğinden söz etmiyordu. Ortaklık Konseyi'nde tam üyelik konuşulmamıştı bile.

- O halde Türkiye niçin, Gümrük Birliği ile tek taraflı bağlanıyordu? AB'ye alınmıyorsa, örneğin Norveç gibi, Avrupa Ekonomik Alanı kapsamında, bir nevi serbest ticaret anlaşması ile, Türkiye-AB ilişkileri düzenlenebilirdi.

Amaç sınai ürünlerin serbest dolaşımı ise, Norveç örneği yeterli idi. Niçin Norveç modeli uygulanmıyor da Türkiye AB'ye tek taraflı bağımlı hale getiriliyordu?

a) Hükümet bunu sorgulamıyordu; kamuoyunda, "Türkiye AB'ye giriyor, bunun için Gümrük Birliği antlaşması yapılıyor" biçiminde yalan haber kampanyası egemendi.

b) Türkiye'nin AB'ye tek yanlı bağlandığı,

- hükümet,
- bürokrasi,
- büyük sermaye ve medya tarafından özenle saklanıyordu.

- İşin daha da ilginç yanı Türkiye EFTA ile 1992'de bir antlaşma yapmıştı. AB'nin ortak üyesi (associate member) olarak, AB ile EFTA arasındaki ticari düzenlemeler çerçevesinde Türkiye EFTA ile imzaladığı anlaşma ile Avrupa Ekonomik Bölgesine ticari olarak, Norveç gibi dahil olmuştu. Türkiye hukuken bu konumda idi.

Türkiye, AB'ye tek yanlı bağlanacağına, sonuçta sınai ürünlerin serbest dolaşımına olanak veren bu anlaşma niçin işletilmiyordu? Bunun yerine, Türkiye'yi tek yanlı bağlayan bir anlaşma;

- bir taraftan kamuoyundan ve ilgili çevrelerden gizlenerek,

- diğer taraftan da kamuoyu medya tarafından yanlış yönlendirilerek yürütülüyordu.

Bu kampanyalarla muhalefet sindirilmişti. Bazı büyük sermaye çevreleri bazı siyasi partiler, hatta bazı işçi sendikalarının başındakiler, Türkiye'yi tek yanlı bağlayan bu anlaşmayı bilerek veya bilmeyerek destekliyorlardı.

Bazı işçi sendikası başkanları, "Türk işçisini işsiz bırakacak bu sömürge belgesine destek veriyorlardı". Bu da, o dönemde sendikalarda, "işçinin çıkarlarını koruyacak yapının ve olgunluğun henüz kazanılmadığını" ortaya koymaktadır.

1994-1995 döneminde AB Komisyonu'nun hazırladığı Türkiye raporları okunduğunda bile,

- iplerin AB'nin elinde olacağı,

- Türkiye'nin AB'ye tek yanlı bağlanacağı,

- kayba uğrayacak tarafın Türkiye olacağı açık olarak görülür.

Sir Leon Brittan'ın hazırladığı Türkiye raporlarında ve Kasım 1995'te AB Komisyonu'nun Avrupa Parlamentosu'na Gümrük Birliği'nin Parlamento tarafından onaylanması sırasında gönderdiği Türkiye raporunda bütün bu gerçekler ortadadır. AB tarafından bile itiraf edilmiştir. Raporları okuyanlar bunu göreceklerdir.

Türkiye'de Devlet Planlama Teşkilatı'nın daha önce sözünü ettiğim raporu niçin göz önüne alınmamış, hatta yok edilmiş; bu rapor resmi bir belge değildir denilerek bazı siyasiler tarafından inkâr edilmiştir.

Bütün bu anlamsız ve açıklanması imkânsız gelişmelerin "arkasındaki anlam" nedir?

Böyle bir çaba ancak, "Türkiye'nin AB'ye tek yanlı bağlanmasını amaç edinen (ya da plânlayan) bir grup tarafından yapılabilirdi".

1989'dan 6 Mart 1995'e kadar yaşanan veya gizlenmeye çalışılan dramatik gelişmeler göz önüne alındığında bu amacı (ya da planı) yürütenler arasında,

- bazı siyasiler,

- bazı işadamları,

- bazı bürokratlar,

- bazı akademisyen ve gazeteciler görev almışlardır.

İçerdeki bu çevrelerle, "dışarıdaki bazı çevrelerin" yakın ilişkileri bulunduğu, "somut delillerle" ortaya konulabilmektedir.

- bazı konularda bilinçli eksik bilgi verilmesi,

- sistemli bir biçimde kamuoyunun belirli bir biçimde yönlendirilmesi,

- medyaya da yansıyan bazı kişisel ve kurumsal ilişkiler,

- bazı raporların yok edilmesi ve inkâr edilmesi bunun delilleridir.

Ayrı ayrı parçalar halinde iken anlaşılmaz zannedilen bazı olaylar, ardarda dizildiğinde, "ilginç bir bütünlük ve tamamlaşma" ortaya çıkıyor.

Bu olayı "SESSİZ DARBE" olarak adlandırmak yanlış olmayacaktır. Çünkü darbenin amacı, "Türkiye'nin belirli dar bir güç odağı tarafından yönetilmesi" ve AB'ye tek yanlı bağlanmasıdır.

Bu odağın bir parçası Türkiye'de, diğer parçası da dışarıdadır.

1997 Lüksemburg Doruğu; İlginç Tepkiler ve Korku!

1997 Lüksemburg doruğu'nda AB,

- hem Türkiye'nin aday bile olamayacağını, AB dışında tutulacağını ortaya koymuş,

- hem de Türkiye'ye bazı siyasi dayatmalarda bulunmuştu. Dışişlerinde o dönemde duyarlı bir kadro vardı; bu kadro gereken tepkiyi vererek AB ile siyasi konuların, bu tutum değişinceye kadar görüşülmeyeceğini net bir biçimde Brüksel'de bildirdi.

Bu, kesin olarak verilmesi gereken bir tepki idi ve Türkiye'nin çıkarlarını AB ile ilişkilerde korumaya yönelikti. Ankara'nın yerinde tepkisine, "bazı büyük sermaye çevreleri ilginç bir biçimde karşı çıktılar". Bu çevreler Brüksel'i değil, haklı tepki veren Ankara'yı suçladılar.

Ankara'ya karşı, Brüksel'in yanında yer alan bir tavır sergilediler. Çünkü "yürütmekte oldukları SESSİZ DARBE'nin" aksamasından korkuyorlardı. Yavaş yavaş, sessiz ve derinden, kamuoyu medya yolu ile yönlendirilerek işler yürütülmeliydi.

Brüksel dayatmada bulunsa bile Türkiye tarafından, gerçekleri ortaya çıkaracak bir tepki gelmemeli idi. "Aksi halde yavaş yavaş yerli yerine oturtulmakta olan tek yanlı bağlanma düzeni değişebilirdi."

Türkiye'de zarar gören çevreler "uyanıp, örgütlü bir biçimde tepki verebilirlerdi". TSK'nin de ürkütülmemesi gerekiyordu. Tek yanlı yapılanma yavaş yavaş kemikleşip, Türkiye'nin bütün kurumları ile direnci kırılıncaya kadar TSK'nin tepkileri yumuşatılmalı, engellenmeli idi.

TSK meseleyi, Türkiye'nin AB ile, uygun bir bütünleşme süreci olarak görmeli, "Türkiye'nin AB'ye tek taraflı bağlanmakta olduğunu anlamamalı" idi. En azından, şimdilik hissetmemeli idi. İleride anlasa bile iş işten geçmiş olacaktı.

İşte bu nedenle Ankara bürokrasisinin haklı tepkisine karşı bazı büyük sermaye çevreleri ve denetimlerindeki bir kısım medya Ankara'nın tutumunu yerme çabası içine girmişlerdi.

Çünkü Sessiz Darbe sürecinin, sessiz sedasız devam etmesi gerekiyordu.

1999, Sessiz Darbe'nin Devamı İçin Avrupa Devreye Giriyor

1999 yılı 1995'ten sonraki en kritik dönemeci oluşturuyordu. "Tek yanlı bağlanma sürecine karşı" bazı kıpırdanmalar görülmeye başlamıştı.

a) 1997 Lüksemburg doruğu'nda AB'nin yaptığı taktik hata, Ankara bürokrasisinin tepki vermesine yol açmıştı. Bu yüzden "Brüksel'in elindeki silâhlar zayıflamıştı". Ankara "siyasi konuları konuşmuyorum" dediği için Brüksel, Ankara üzerinde,

- Kıbrıs ve Ege konularında,

- Kürt meselesi konusunda baskı yapamaz hale gelmişti.

b) Türk ekonomisinde tekstil de dahil olmak üzere birçok sektör, Gümrük Birliğinin 3-4 yıllık uygulaması sonucu krize girmişti AB malları Türkiye pazarını doldurduğu için içeride büyük ve küçük sanayi krize girmeye başlamıştı. Dış ticaret açıkları yine Gümrük Birliği yüzünden hızla genişliyordu.

Bu yüzden özellikle Anadolu'daki sanayi ve ticaret odaları, tarım sektörü AB'nin yükünü hissetmeye başladılar.

AB'nin Türkiye üzerinde etkili olabilmesi için 1999 yılında, kesinlikle "bir şeyler" yapmak gerekiyordu.

1999'un Nisan-Mayıs aylarında Türkiye'den bazı iş çevreleri Avrupa'daki bazı başkentleri ziyaret ettiler. Türkiye'ye, "göstermelik de olsa, adaylığın verilmesi gerekiyordu". Aksi halde "Sessiz Darbe" süreci zarar görecekti.

AB'nin yeniden, "Türkiye'yi yönlendirecek ve etkileyebilecek bir konuma getirilmesi" için göstermelik adaylık verilmeli idi.

Bunu en iyi Almanya anladı. Schröder, Başbakan Ecevit'e beklenmedik iyimserlik içeren bir mektup yazdı. Ankara'da bayram havası esiyordu; AB adaylık için yeşil ışık yakmıştı. Göstermelik adaylık için yeşil ışık yakılırken Atina da (14'ler) ile pazarlıklarına başlamıştı. 6 Mart 1995'teki gibi yeni bir fırsat doğmuştu.

Öcalan Olayı ve İsmail Cem'in Sürprizi!

Yaz başında Öcalan yakalanırken Yunanistan da suçüstü yakalanmıştı. PKK'ya fiili desteği yanında, Öcalan'a desteği, Güney Kıbrıs Rum Yönetimi'nin pasaport dahil teröre desteği ortaya çıkmıştı. Öcalan bir Yunan büyükelçiliğinde gizleniyordu.

Herkes Ankara'nın Yunanistan'ı "terörist devlet" olarak dünya kamuoyunda hırpalamak için eline büyük olanak geçtiğine inanıyordu. Öyle ya, Yunanistan bütün zeminlerde "Türkiye karşıtı" bir politika izliyordu. Teröre desteği fiilen ortaya çıkmıştı. Şimdi Ankara'nın eline Atina'yı yıpratacak kozlar geçmişti.

- Ancak hiç beklenmedik bir şey oldu! Dışişleri bakanı İsmail Cem, Türkiye'nin eline geçen bu kartı kullanmıyor, Atina'ya bir "dostluk mektubu" gönderiyordu.

- Acaba, "Sessiz Darbe"nin aksamasından korkanların baskısı ile mi bu garip ve beklenmedik durum ortaya çıkmıştı? Kapalı kapılar arkasında yine bazı şeyler mi olmuştu. Aynen 1989'da Özal'ın "tam üye olmasak da Gümrük Birliğine gireceğiz" biçimindeki anlamsız açıklaması gibi: 6 Mart 1995'te hiç gerek yok iken Türkiye'nin AB'ye tek yanlı bağlanması gibi; Schröder'in Ecevit'e, hiç beklenmeyen mektubu gibi yine beklenmeyen bir şey oluyordu; Dışişleri Bakanı İsmail Cem elindeki kozu Atina'ya karşı kullanmıyordu; hem de Atina'yı suçüstü yakalamış iken.

İsmail Cem, Atina'yı içine düşmüş olduğu pislikten çıkarıveriyordu!

- Acaba birileri, "Ankara bu kozu kullanırsa Sessiz Darbe zarar görür" diye mi korkmuşlardı? Bu operasyonda da Türk-Yunan ilişkilerinde "çok duyarlı" bazı işadamlarının devrede oldukları akla gelen ilk olasılıktır.

Ağustos 1999'daki deprem felâketi bile istismar ediliyor ve AB'nin ve Yunanistan'ın Türkiye'ye karşı yürüttükleri dayatmaların altyapısını hazırlayan bir araç haline getiriliyorlardı.

Sessiz Darbe'nin aksamadan sürmesi için deprem felâketi bile açık açık istismar edilmişti; Atina'nın Türkiye üzerinde bir psikolojik "kampanya" başlanmasını bazı iç ve dış iş çevreleri kararlaştırıyorlardı.

Gelen Göstermelik ve Koşullu Adaylık

Ekim 1999'da AB Komisyonu "AB'nin Yeni Genişleme Politikası" raporunu sanki Türkiye için kaleme alıyordu.

- Bir ülkenin aday yapılması AB'ye hiçbir sorumluluk yüklemiyor ama aday ülke üzerinde AB'nin baskı yapmasının olanakları konuyordu.

- Tam üyelik görüşmelerinin başlaması ile aday "kısmen önünü görmeye" başlıyordu.

- AB'nin öngördüğü koşulların yerine getirilmesi, "adayın tam üye olması için" yine yeterli değildi. Eğer adayın AB'ye girişi AB için önemli ekonomik ve sosyal sorunlar yaratıyorsa aday yine de dışarıda tutulabilecekti.

- Bütün inisiyatif AB tarafında kalıyor, AB isterse adayı sınırsız bir süre kapının önünde tutabiliyordu.

Ancak 1999'da Helsinki doruğu yaklaşırken Ankara'da Bülent Ecevit sürekli olarak; "adaylık koşullu gelirse kabul etmeyeceğiz" açıklamasını kamuoyuna sunuyordu. Yani kendisini kamuoyu önünde "bağlıyordu". Kastettiği koşullar Kıbrıs ve Ege koşulları idi. Ecevit, diğer adayların statüsünde olmalıyız diyordu.

AB siyasi dayatmalar getirirse, "kesinlikle hayır diyeceğiz" açıklamasını yapıyordu. Ecevit kamuoyu önünde "kendisini bağlayan" bir politika izliyordu. 10 gün boyunca açıklama yapmıştı; hem de aynı cümleyi kullanarak; "koşullu adaylığı kabul etmeyeceğiz" demişti.

Kimler Ecevit'e Baskı Yaptı?

Ecevit ısrarla söylemesine rağmen niçin "koşullu adaylığa yine de evet demek zorunda bırakılıyordu"?

- Ankara'da Hükümet ikiye ayrılmıştı; bir tarafta Mesut Yılmaz - İsmail Cem cephesi vardı. Bu cephe bazı büyük sermaye çevrelerinin büyük desteğine sahipti. Büyük sermaye medyası arkalarındaydı. Ve tabii Brüksel cephesi de arkalarındaydı.

Bu cephe galip gelerek Sessiz Darbe'nin devamına imkân verdi. Ecevit'in kamuoyu önünde 10 gün boyunca kendisini angaje ederek, "koşullu adaylığı evet demeyeceğim" pozisyonu, Darbeciler tarafından yıkılmıştı. Ecevit, "içime sindiremedim ama imzalamak zorunda kaldım" diyerek itirafta bulunuyor halktan adeta özür diliyordu.

Bu ifadenin tercümesi bana göre şu şekilde olabilir; "gücüm Sessiz Darbe'yi engellemeye yetmedi". Aslında bence Ecevit de Sessiz Darbe'nin farkında değildi. Olayın Soğuk Savaş sona ererken, Türkiye'nin Batı'dan kopma riskini ortadan kaldırmak için, Türkiye'yi AB'ye tek yanlı bağlama pahasına yürütülen bir operasyon (Sessiz Darbe) olduğunu bilmesine bence olanak yoktu.

Ecevit'i çökertenler kimlerdi? Bazı siyasiler, onların uzantısı bürokratlar, bazı işadamları emirlerindeki medya ve bazı dış odaklar. Medya her şeyi örtüyordu. Sürekli yanlış, eksik ve yalan haber pompalanıyordu: Kamuoyunun kafası sürekli karıştırılıyordu.

1999 gerçekten de dramatik bir yıl olmuştu; olaylar zinciri ilginçti.

- İşadamlarının ilkbaharda Avrupa'yı ziyaretleri ve Schröder'in Ecevit'e mektubu ilk etaptı.

- Öcalan olayı ve İsmail Cem'in Papandreu'ya mektubu ikinci etaptı.

- Deprem felâketinin istismar edilmesi de tarihe geçecek bir olay oldu.

- Koşullu adaylığa "evet" çıkması için Ankara'daki gece yarısı operasyonu SESSİZ DARBE'nin dayatılarak da olsa sürdürüldüğünü gösteren somut halkalardı.

Medya Sessiz Darbe'yi örtmek için elinden geleni yapıyordu; hem de çok başarılı bir biçimde.

2000'de Nice Doruğu, Türkiye'nin Dışlanması ve KOB Kepazeliği

2000'nin son ayları, Katılım Ortaklığı Belgesi (KOB) ve Nice doruğu tartışmaları ile geçti. Kasım'da Brüksel bir öneri sundu; Kıbrıs siyasi kriter (koşul) olarak yer aldı. Bunun üzerine Çankaya Doruğu'nda Türkiye AB'ye çok sert bir yanıt veriyordu. Cumhurbaşkanı, Başbakan, Genel Kurmay Başkanı toplantıdaydılar.

Bu, gerçek Türkiye idi. Sessiz Darbeci'ler hemen harekete geçtiler;

- "AB" kızdırılmamalı ve AB ile ilişkiler bozulmamalı idi". Bazı basın, bazı büyük sermaye çevreleri harekete geçmişlerdi.

- Bu arada Mesut Yılmaz, "sorulan bir soru üzerine" "Askerin AB'ye karşı olduğunu" Enka Holding'in salonundaki sohbette açıklıyordu; tabii bu haber hemen, bilinen medyada kamuoyuna sunuluyordu.

- Sessiz Darbe'yi yürüten çevrelerin amacı, koşullu KOB'ni Ankara'da kabul ettirmekti. Bunun için TSK baskı altında tutularak, "AB'ye karşı olmadığını ispatlaması için geri adım atması bekleniyordu".

Aralık 2000 başında Kıbrıs ve Ege koşulları yer aldığı halde Ecevit (ve Hükümet) yine evet demek zorunda bırakıldı. Büyük sermaye örgütleri "Brüksel'de kamp kurmuşlar", sürecin aksamadan yürümesi için Ankara'ya geri adım arttırmışlardır.

Kıbrıs 2002 sonu, Ege 2004 sonu AB'nin (ve Yunanistan'ın) istediği biçimde çözülmüş olacaktı. Bu koşullar Ankara'ya kabul ettirilmeli, Sessiz Darbe aksamadan devam etmeliydi.

Sessiz Darbe'yi yürüten çevreler,

- siyasetçiler,

- bürokratlar,

- ve büyük sermaye,

içinde artık daha örgütlü ve güçlenmiş durumdaydılar. Seslerini açık açık yükseltiyorlardı.

- Nice doruğu'na Aralık ayında katılan Ecevit, sadece resim çektirmek için orada bulunuyordu. İşin özünde Türkiye - Nice doruğu' nda yoktu. Deklârasyon da Türkiye'nin olmadığını gösteriyordu.

- 12 aday oradaydılar; onlara takvim veriliyordu, Avrupa Parlamentosunda kaç milletvekillerinin bulunacağı da açıklanıyordu. Türkiye'ye ise, "senin üyelik durumun 10 yıl sonra konuşulur" deniyordu.

Kısacası, Sessiz Darbe'nin devam etmesi için her şey ayarlanmıştı.

Ankara tarafından kabul edilen K.O.B. ve onu takiben 2001 içinde sunulan Gayri Milli Ulusal Program, "Türkiye'nin AB'ye tek taraflı bağımlılığını güçlendiren yeni belgelerdi". Sessiz Darbe başarı ile yürütülüyordu. Katılım Ortaklığı Belgesi'nde Kıbrıs ve Ege siyasi koşullar içine sokulmuştu.

Ulusal Program Ne Kadar Ulusal?

1999 Helsinki doruğu ve Aralık 2000 Katılım Ortaklığı Belgesi mutabakatı çerçevesinde 2001 yılında hükümet, Ulusal Program adı ile hazırladığı bir belgeyi Brüksel'e sunmuştur. 795 sayfalık belge Türkiye'nin, Katılım Ortaklığı Belgesi'ndeki "mutabakat" çerçevesinde öngörülen "taahhütleri" kapsamaktadır. "Ulusal Program" niteliğindedir.

Başlıca şu birimlerden oluşmaktadır;

1) Siyasi ölçüler olarak tanımlanan, esas itibariyle demokratikleşme ile ilgili öngörüler birinci bölümü meydana getirmektedir. İnsan hakları ve düşünce konuları bu bölümde yer almıştır. Buradaki hususların birçoğu, zaten Türkiye'nin normal demokratikleşme süreci içinde yürütülmesi gereken değişikliklerdir.

2) Ulusal Program'da ekonomik politikalar ve uygulamalarla ilgili olarak çok ayrıntılı "taahhütler" bu bölümde yer almıştır.

- vergilerden, enflasyonla ilgili olarak alınacak olan önlemlere kadar ayrıntılı taahhütler bulunmaktadır.

- sanayi politikaları, bölgesel politikalar gibi hususlar da burada bulunmaktadır.

- malların serbest dolaşımı, piyasa ekonomisi, özelleştirme, (kit)ler ve sübvansiyonlar gibi alanlarda uygulanacak politikalar ayrıntılı olarak yer almıştır.

- tarım sektöründe nüfusun azaltılması ve sübvansiyonların kaldırılması öngörüleri bulunmaktadır.

- sosyal güvenlik sisteminden istihdam politikalarına kadar sosyal politikalar da, kaynak dağılımı çerçevesinde taahhüt edilmiştir.

Bu politikaların önemli bir kısmının Türkiye'nin sosyo-ekonomik koşulları ile bağdaşmadığını söyleyebiliriz.

Bu ağır taahhütlerin yerine getirilmesi için Türkiye'nin AB'den olağanüstü büyük mali yardımları hibe olarak alması gerekirdi. Kişi başına yıllık geliri 2200 $ olan Türkiye'nin bu yükümlülükleri altına girmesi ancak,

- devletin sosyal fonksiyonunu tamamen terketmesi,

- işsizliğin dev boyutlara ulaşmasını baştan kabul etmesi ile yürütülebilir.

3) Ulusal Programında öngörülenlerin önemli bir kısmı ise mevzuat uyumu ile ilgili yükümlülüklerdir.

2002 yılının Nisan ayına kadar Türkiye gerek Katılım Ortaklığı Belgesi (KOB) kapsamında, gerekse Ulusal Program kapsamında şu hususları "yerine getirmiştir".

- Anayasanın %20'si değiştirilerek, özellikle insan hakları konusunda değişiklikler yapılmıştır.

- Mevzuat uyumu ile ilgili olarak zaten, eski yıllara kadar uzanan uyum çalışmaları bulunmaktadır. Bu kapsamda mevzuat uyumunun tamamına yakın bir kısmı gerçekleştirilmiştir.

2002 yılı Haziran ayına kadar ulusal programında öngörülen taahhütlerin %80'ni yerine getirildi.

AB'nin önceki üyeleri için tanıdığı kolaylıklar çok farklı idi. Yunanistan, İspanya ve Portekiz gibi ülkeler bütün bu değişiklikleri içeri alındıktan sonra yapmaya başlamışlardır.

AB yeni dönemde, özellikle 1995 sonrasında politikasını değiştirmiş ve aday ülkeler ile "daha mesafeli" bir konuma gelmiştir.

Türkiye ise farklı bir aday konumundadır. Daha önce de belirtildiği gibi Türkiye "kerhen" aday yapıldığı için diğer 12 adaydan hep farklı konumda tutulmuştur.

Ayrıca, diğer adaylardan istenmeyen "siyasi koşullar" Türkiye'nin önüne konmuştur. Bütün bunlara ek olarak Türkiye 1995'ten beri AB ile "tek yanlı bir düzen içinde" ilişkilerini yürütmektedir.

Ulusal olarak anılmakla birlikte özünde "gayri milli" özelliklere sahip bu plan "Sessiz Darbe'nin" 2001 yılındaki köşe taşlarından birisi olmuştur.

Tek Yanlı Bağlanmanın Dramatik Sonuçları

1989 yılında Turgut Özal'ın, "Tam üye olmasak da Gümrük Birliğine gireceğiz" açıklaması ile başlatılan süreç 2000'li yılların başında Türkiye'yi AB'ye tek yanlı bağımlı bir konuma getirmişti bile.

- Ulusal sanayiciler meseleyi anlayamamış, "Avrupa'nın gerçek Türkiye politikasını" görememişlerdir. Birçoğu, Gümrük Birliği uygulamalarından ancak 3-4 yıl sonra "Türk ulusal sanayiinin çok uluslu şirketler tarafından ortadan kaldırılmakta olduğunu" anladılar.

2001 yılının başında Tekstil İşverenleri Sendikası yayınladığı kitapta, Gümrük Birliğinin Türk Tekstil Sanayiinin ortadan kaldırmakta olduğunu, işin bütün ayrıntılarını ortaya dökerek açıklıyordu. Önsözünde Halit Narin'in Gümrük Birliği konusundaki itirafları gerçekten çok ilginçti. 1995'te Türkiye'nin nasıl kandırıldığı, 2001 yılının başında bu itiraflarda Türk kamuoyunun önüne sunulabiliyordu.

- 1995 yılının 2 Mayıs tarihli gazetelerinde Cumhurbaşkanı Demirel'in "Avrupa, Sevr'i istiyor, bizi bölmek istiyorlar" biçiminde ilginç açıklamaları yer alıyordu. Siyasiler, "arada feryat ediyor görünmelerine rağmen" esas gidişi değiştiremiyorlardı.

Adeta, kamu vicdanını (ve kendilerininkini) rahatlatmak için konuşuyor gibiydiler.

- Benzer açıklamaları Ecevit'te gerek Başbakan yardımcılığı, gerekse başbakanlığı döneminde birkaç defa yaptı. Avrupa üstümüze geliyor; ulusal çıkarlarımız zedeleniyor türünden açıklamalardı bunlar. Ancak bunlar fiili politikamıza yansımadı.

Ecevit Aralık 1999'da en dramatik itirafını, "imzaladığı Kıbrıs ve Ege koşullu Helsinki önerisi sonrasında yaptı": "İçime sindiremedim" dedi. Sessiz Darbe, Ecevit'e, "içine sindiremeyeceği bir şeyi zorla yaptırmışlardı". Darbeciler yine galipti.

Kimlerdi bunlar? Kendileri görülmüyordu ama uzantıları ortalıkta idi; yazıları ile 1992-1995 arası kamuoyunu yönlendiren ve aldatan kalemler, 1995'te, 1999'da Tren kaçmasın diyen çevreler: Aralık 2000'de Katılım Ortaklığı Belgesi'ne Ege ve Kıbrıs koşullarının konmasını örten çevreler: Karen Fogg skandalı 2002'nin ilkbaharında patladığı zaman bile hâlâ Karen Fogg tarafında olan; Karen Fogg ve AB ile kişisel menfaat bağlarının bulunduğu belgelerle ortaya konan çevreler; bunlar "uzantılardı", önlerine kemik atılarak beslenen kesimlerdi. Ancak geride başkaları vardı; Avrupa tarafında da, bizim tarafta da; Onlar konuşmaz ve yazmazlardı; sadece yazdırır ve konuştururlardı.

- Türkiye iş hayatı, AB çok uluslu şirketlerinin güdümüne giriyordu; ulusal şirketler yabancılar tarafından satın alınıyordu; bürokrasi çökertilmişti; Karen Fogg belgelerinde de görüldüğü gibi, "ipler AB'nin eline geçiyordu".

Ulusal Cephe Uyanıyor Mu?

Türkiye-Avrupa ilişkilerini 1970'li yılların başından beri mesleğim gereği yakından izleyen bir akademisyen ve düşünür olarak tek yanlı bağımlılık meselesini ilk ben yazmaya başladım. İdeolojik ve dini nedenler ile Avrupa ilişkilerine karşı çıkanlar gibi bakmıyordum; Onlar düz bir biçimde "her ne olursa olsun karşı olanlardı".

Ben ilişkileri iktisadi, siyasi, hukuki, sosyal ve kültürel boyutları ile, "işin tekniğine de girerek" değerlendiriyordum. 1989'da Özal'ın "Bizi tam üye yapmasalar bile Gümrük Birliği'ne gireceğiz" yaklaşımına karşı çıktım. Kendisine söyledim, görüşebildiğim bakanlara, milletvekillerine söyledim. Bürokrasi ile yakın temasım vardı; görüşlerimi bürokratlara aktardım.

Gazete ve dergilerde yazılar yazdım, konferanslar verdim. Ancak toplum ilginç bir biçimde yönlendiriliyordu.

- Bazı siyasiler ve bazı büyük sermaye çevreleri başı çekiyorlardı. Zaten iç içeydiler, Özal da Mess ve Dünya Bankası'ndan gelmiş bir şahıstı. "Bir tarafın" profesyonel çalışanı idi, onların içinden gelmişti.

- Ve Soğuk Savaş bitiyordu; artık Türkiye, "Batı Bloku diye bir blok kalmayacağına göre, yeni dünya düzeninde Batı'nın Soğuk Savaş dönemindeki denetiminden çıkabilirdi".

İçerdeki bazı siyasiler ve bazı büyük sermaye çevreleri bunu isteyemezlerdi. Böyle bir gelişmeye, "Batı'daki bazı güç odakları da kesinlikle karşı idiler". O zaman bir şeyler yapmak gerekiyordu: Ve yapıldı da.

- Çözüm,Türkiye'nin Avrupa Birliği'ne, tek yanlı da olsa bağlanması idi.

Öyle ya da böyle, Türkiye Avrupa Birliği'ne bağlanacaktı: Tam üye yapılmasa da bağlanmalı idi. Bazı iç sermaye odakları ve Türkiye'ye çok önem veren bazı dış odaklar, Soğuk Savaş biterken düğmeye basıyorlardı.

- Bu nedenle Türkiye, diğer ülkelerden farklı olarak "tam üye olmasa da Gümrük Birliği'ne bağlanmalı idi". Bu tek yanlı statü, Türkiye'nin iplerinin Avrupa'da tutulması için ilk kilometre taşı olacaktı. Ve öyle de oldu.

Soğuk Savaş Sonrasında "Türkiye'nin Yeni Yeri"; ya da; Türkiye Türklere Bırakılmayacak Kadar Önemlidir

Artık Soğuk Savaş sona erdikten sonra Türkiye'nin Batı'dan (ve Avrupa'dan) kopma tehlikesi ortadan kalkıyordu. Soğuk Savaş sırasında Türkiye'nin "Batı içinde kerhen yer alması" ve Soğuk Savaş sonrasındaki "riskli" durum 1989'dan itibaren yavaş yavaş telâfi ediliyordu.

- 1950'den Soğuk Savaş'ın sonuna kadar yarım yüzyılda Türkiye Batı'ya büyük ölçüde "tek yanlı bağımlı hale sokulmuştu". İş hayatı, siyaseti, bürokrasisi, Batı etkisi ve kısmen de denetimi altında idi.

Ancak bu denetime rağmen,

- 1959-60 döneminde bile Batı ile takışmaya yeltenebilmişler, Moskova'dan mali yardım istemeye "cesaret edebilmişlerdi".

- Demirel gibi bir Batıcı dahi, "Batı vermeyince" Sovyetler'le anlaşmalar yaparak Aliağa, Seydişehir, İskenderun Demir-Çelik gibi en kapsamlı kompleksleri gerçekleştirmişti.

- 1974'te Türkiye, "ulusal inisiyatif alarak" Kıbrıs Barış Harekâtını başarıyla yapabilmişti.

- Türkiye'de askerlerin siyaset ve toplumsal hayatta etkinlikleri çok fazla idi. Kontrol edilemezlerse ulusal inisiyatifi rahatlıkla kullanabiliyorlardı. Askerin sosyal ve siyasi hayattaki ağırlığı ortadan kaldırılmalı idi. Bu sağlanırsa, Türkiye'nin Batı'ya bütün kurumları ile tek yanlı bağımlı hale getirilmesi kolaylaşacaktı.

- Avrupa Birliği Türkiye'yi içine alamazdı; Geleceğin Avrupa Birleşik Devletleri'nde Avrupa, Türkiye'yi başköşeye oturtamazdı.

Zaten bu nedenle 1987'de Ankara'nın tam üyelik için başvurmasını istemiyorlardı: Zaten bu nedenle, reddetmeleri için hiçbir görünür gerekçe yok iken 1989'da Türkiye'nin tam üyelik başvurusunu reddediyorlardı.

- O zaman tek çıkar yol kalıyordu; Türkiye Avrupa Birliği'ne (AT'ye) ve de tabii Batı'ya tek yanlı bağlanacaktı. Bu bağlanma belki Kıbrıs'ı, Ege'yi Türkiye'den koparacaktı; belki de Güneydoğu'da bazı kopmalar olacaktı. Yalnız ekonominin ve siyasetin değil, askerin de Avrupa'ya tek yanlı bağlanması zorunlu olacaktı.

Ama bunlar hiç önemli değildi, önemli olan Türkiye'nin Batı'dan (ve Avrupa'dan) kopmamasıydı. Çünkü içerde bazı sermaye çevreleri, dışarıdaki ortakları ve onların etkisi altındaki bazı siyasiler böyle istiyorlardı.

Bu dar çevre Soğuk Savaş biterken bu karara varıyorlardı. Yazılı anlaşmalar imzalamasalar bile vardıkları karar buydu. Böyle bir karara vardıkları da 1989'dan başlayarak bugüne kadar uyguladıkları ve uygulattıkları işlerle ortaya çıkıyordu.

Bir taşla birkaç kuş vurulacaktı;

- Demokrasi şeklen işliyor zannedilse bile gerçek iktidar sahipleri, ülkeyi yönetenler onlar olacaklardı.

- Tabii yönetimi, "dışarıdaki güç odakları ile" paylaşmak zorundaydılar. Bunu da normal karşılamak gerekirdi. Artık dünya değişmişti; bu küreselleşmenin kaçınılmaz bir sonucu idi.

- "Dışarıdakiler" için de ideal bir çözümdü. Dışarıdakilerin artık "bizim çocuklar" diye bürokrasiyle uğraşmalarına gerek yoktu; dar bir çevre ile yürütülecek mali ve ticari ortaklıklar yolu ile Türkiye'de, "kendi uzantılarını" gerçekleştirmiş olacaklardı.

- Türkiye'nin "ulusal politika" izleme olanakları da tamamen ortadan kalkmış olacaktı. Bu da az şey değildi.

- Türkiye'nin bulunduğu bölgede bu ülkenin ulusal politika izleyip "ulusal çıkarlarını korumaya yönelmesi" kötü bir örnek olabilirdi. Denetim altına alınmak; ekonomisi, siyaseti ve silâhlı gücü ile tek yanlı bağımlı hale getirilmeliydi.

- AB'nin tam üyesi yapılamayacağına göre de tek seçenek bu idi.

Dünyanın en stratejik enerji kaynaklarının ve yollarının bulunduğu bir bölgede; ve aynı zamanda yeni Asya Güçleri ile Batı arasındaki bir bölgede bulunan fay hattındaki Türkiye, Avrupa'ya tek yanlı bağımlı hale getirilerek "Batı'dan uzaklaşıp macera araması engellenecekti". Ve tabii Batı için riskler azaltılmış oluyordu.

İş bu nedenle "dışarıdaki bazı güç odaklarının Türkiye'deki uzantısı konumundaki" bazı sermaye çevreleri, bazı siyasilerle "bu kendileri için kaçınılmaz kararı veriyorlardı".

Diğer Suçlular Kimler?

Aslında suçlu yalnızca bu dar çevre değildi: Suçlular,

- bir yanda Soğuk Savaş'ın sona ermesi idi. Soğuk Savaş bitmese, Türkiye hâlâ, "kerhen" de olsa, Batı'nın içinde tutulmuş olacaktı.

- ikinci suçlu ise Batı idi. Türkiye'yi içine almıyordu; Türkiye'yi ancak bir "arka bahçe gibi kabul edebilirim" diyordu. 6 Mart 1995 önceşindeki günlerde, kusura bakmayın, size verebileceğimiz ancak bu kadar diyerek koşullarını ortaya koydular.

Sorun buradaydı; Türkiye'yi bir Slovakya, bir Polonya gibi benimseyip içine alabilse bir çok sorun çözülecekti. Türkiye'yi geleceğin Avrupa Birleşik Devletleri içine almaması için bir sürü neden vardı;

- Avrupalı'ların %80'i Türkiye'yi istemiyordu. Ayrıca 1990 sonrası Avrupa kendine geldiği için, Avrupa dışına kapanıyordu; Türkiye "dışarıdakiler" içinde yer alıyordu.

- Türkiye Müslüman'dı; Avrupa ise Hristiyanlık üzerine oturtulmuştu. Kant'ı, Hegel'i, mimarisi, müziği, kilise kurumu ve kapitalizmi iç içeydiler.

Bütün bunlar Türkiye'yi dışlayan şeylerdi.

• Avrupa'nın Türkiye'yi içine alması demek, kendisini fakirleştirmesi ve sosyal olarak büyük dengesizlikler yaşaması demekti.

• Türkiye'yi "arka bahçe" yaparak zaten alacaklarını almaya başlamıştı bile. Mart 1995 belgesi, bu arka bahçe düzeninin sağlanması için imzalanmıştı.

• İpler fiilen AB'nin elinde idi. Türkiye'nin dış ticaret politikası bile artık Brüksel'den yönetiliyordu. Artık bundan sonra önemli olan bu tek yanlı yapılanmanın sürdürülmesi idi. 15-20 yıl daha sürdürülürse Türkiye'nin ticareti, mali sistemi, bütün endüstriyel kuruluşları AB şirketlerinin eline geçecekti.

Türk eğitim kurumları, iletişim ve ulaştırma kurumları da Avrupalı'ların denetimine sokulacaktı. Askerler de yavaş yavaş bu oluşum içinde toplumdaki ağırlıklarını kaybedeceklerdi.

Bu takdirde Türkiye, AB'nin dışında bulunan, ama ekonomisinden bürokrasisine, eğitiminden siyasetine kadar her şeyiyle AB'ye tek yanlı bağımlı hale gelen bir görünümde bulunacaktı. TSK dahi AB'nin bir parçası haline gelebilecekti.

AB'nin ve içerdeki uzantılarının beklentileri budur. İşte bunun için, açık ve samimi bir biçimde, "Türkiye, Türkler tarafından yönetilemeyecek kadar önemlidir" diyorlar. Gerçekten inandıkları için de bu beklentilerini yazabiliyorlar, söyleyebiliyorlar.

Bütün bunlardan cesaret alabilen Karen Fogg'lar, Verheugenler de, "başkaldırı çağrısı dahi yapabilecek terbiyesizliği" kendilerinde bulabilmektedirler.

Soğuk Savaş'ın bitimi ile başlatılan "Sessiz ve Örtülü Darbe" yavaş yavaş ağlarını örerek yürütülmektedir.

Ekonomide, siyasette, bürokraside, basında, sivil toplum örgütlerinde, üniversitelerde kısacısı heryerde.

Başlatılan Sessiz Darbe'nin hiç aksamadan yürümesi için de, Kıbrıs'ı verelim gitsin, Ege'yi kimse düşünmesin çağrıları yaparak Avrupa ile sürtüşme çıkmasını istemiyorlar. Sürtüşme çıkması demek, Sessiz Darbe'nin aksaması demektir.

- AB'nin istemekte olduğu ödünleri, Türkiye-AB ilişkilerini koparmadan, yani Avrupa'dan (Batı'dan) uzaklaşmasına imkân vermeden sürdürmek. Kıbrıs ve Ege gibi AB (ve Yunanistan) için öncelikli konularda Türkiye içinde büyük tepki doğmamasını sağlamak.

- Askeri, Avrupa'nın istediği gibi "iyice pasifleştirecek", "Türkiye'nin AB'ye tek taraflı bağlanma sürecinde" engelleme yapmasını önlemek.

Özellikle 1999'u izleyen yıllarda ilk etapta oluşturulması gereken altyapı, Kıbrıs'ı ve Ege'yi Avrupa'nın isteklerine göre halletmek; TSK'nin sistemli bir biçimde, etkisini küçültecek alt yapıyı sağlamlaştırmak.

- Sessiz Darbe'yi yürütmekte olan güç odakları TSK'yı karşılarındaki en büyük engel olarak görüyorlardı.

"Sessiz Darbe"cileri Ürküten Yeni Gelişmeler

- 2001 ve 2002 yıllarında Gümrük Birliği'nin geniş kitleler üzerindeki dramatik sonuçları halkta tepkiler yaratmaya başladı.

- Ulusal sanayiciler, meslek odaları, kamuoyu önünde, "tek yanlı bağlanma sürecinin tam farkında olmasalar bile" bazı sonuçları fiilen üzerlerinde hissediyorlardı. AB lobicilerine karşı bunlar da tepki veriyorlardı. USİAD da bunlardan biri idi.

- Cumhurbaşkanı Ahmet Necdet Sezer de AB dayatmalarına karşı çok sert olmasa da tepki göstermeye başladı.

- TSK, Nice doruğu sonrasında AB'yi kınadı: Genelkurmay Başkanı haklı olarak, "Türkiye dışlanmıştır" şeklinde açıklama yaptı.

- Kasım 2000'de Brüksel'in Birinci Katılım Ortaklığı taslağına karşı Çankaya Doruğu önemli bir tepki niteliğinde idi.

- İşçi Partisi açıktan açığa, AB'ye cephe almıştı. İP yayın organları adeta "alternatif medya" işlevini görüyordu. Büyük sermaye medyasının yazmadıklarını yazarak kamuoyunu aydınlatıyorlardı.

- Türk-İş 2002 yılı başında "AB Türkiye'den Neler İstiyor" başlıklı bir kitapçık yayınladı. Cumhurbaşkanı'na AB konusunda önemli bir de rapor sundu.

- Ulusalcı aydınlarda önemli bir hareketlenme başlamıştı.

2001 ve 2002 yıllarında ortaya çıkan bu gelişmeler "Sessiz Darbe"cileri tedirgin ediyordu.

Büyük hatalar yapmaya başladılar. Örneğin TÜSİAD 2001 Aralık ayında, "Kıbrıs feda edilebilir, bize fazla yük oluyor" anlamında bir açıklama yapınca kıyamet koptu. Halktaki ve ulusal cephedeki büyük tepkiyi görünce bir süre için geri adım attılar.

2002 yılı başlarında Karen Fogg olayı meydana geldi. Bu tam bir skandaldı. Karen Fogg dosyası adlı kitap (Gündoğan Yayınları, 2002) adeta, AB'nin Türkiye politikası olarak adlandırılabilecek özellikte idi.

Karen Fogg skandalı Sessiz Darbe'cileri ürkütmüştü. O kadar ürkütmüştü ki, belgelerin kamuoyuna yansımasını engellemek için koşullar aşırı ölçüde zorlanmıştı. Bu "aşırı zorlama" tersine teptiği için belgeler çok daha fazla ilgi çekmişti.

Mayıs 2002'de ikinci Karen Fogg skandalı patlak verdi;

- Karen Fogg bazı gazetecilerin önünde, Kıbrıs Türk Halkı'nı, Türkiye'ye karşı başkaldırmaya davet ediyordu.

- Karen Fogg ayrıca "halk Denktaş'ı değiştirsin" çağrısında bulunuyordu. İnanılmaz çıkışlar yapan Karen Fogg AB Temsilcisi olarak da, "AB'nin gerçek yüzünü sergilemiş oluyordu". Bunlar diplomasi tarihinde ibretle hatırlanacak belgeler olacaklardı.

Ancak Karen Fogg'un bu inanılmaz tutumunu inandırıcı duruma sokan başka bir gerçek vardı ki, Türk kamuoyu bunun henüz farkında değildi:

- Karen Fogg bu cesareti "Türkiye-AB ilişkilerindeki tek yanlılıktan" alıyordu: Türkiye'ye AB'nin arka bahçesi gibi bakıyordu.

- AB'nin (ve Karen Fogg'un) bu bakış açısının zeminini ise, yürütülmekte olan "Sessiz Darbe" hazırlıyordu. Şöyle de söylenebilir; AB tarafı Türkiye'nin AB'ye tek yanlı bağlanmakta olduğunu gördüklerinden bu kadar cüretkâr ve saldırgan hareket edebiliyorlardı.

Ancak Karen Fogg iki noktada hata yapmıştı; birincisi çizmeyi aşmış ölçüyü kaçırmıştı; ikincisi ise fazla erken davranmıştı. AB temsilcileri Sessiz Darbe'nin tam olarak sonuçlanmasını beklemeliydiler.

Bu hataları kamuoyunun ve duyarlı bazı çevrelerin Türkiye-AB ilişkilerinin gerçek yüzünü görmelerine yardımcı oldu. AB, Türkiye'yi daha şimdiden arka bahçesi gibi görüyordu. AB temsilcileri sömürge valileri gibi hareket ediyorlardı. Bu son cümleyi Bülent Ecevit ve İsmail Cem kullanmışlardır.

Ancak İsmail Cem'in böyle bir tepki vermeye hakkı olduğunu sanmıyorum.

1989 yılında fiilen başlatılan Sessiz Darbe 2000'li yılların başlarında, "ulusalcı cephe"yi yavaş yavaş karşısında bulmaya başladı.

Ulusalcı cephede "sağ-sol ayrımı yapılmadan" bütünleşmeler ortaya çıkmaya başladı.

- Bir yanda Türkiye'yi bazı dış odaklara tek yanlı bağlama çabası içinde olan "gayri milli" cephe bulunuyordu;

- Diğer yanda da "ulusalcı cephe"nin varlığı kendisini güçlü bir biçimde hissettirmeye başladı.

2002 yılının ortasında Türkiye bir yol ayrımına gelmekte idi. Bu belki de Soğuk Savaş'ın sona ermesi ile ortaya çıkan kaçınılmaz bir sonuçtu.

Türkiye yeniden Osmanlı'nın son dönemindeki konumuna mı düşecekti? Yoksa yeniden Kurtuluş Savaşı Sonrasının Kemalist Türkiyesi mi olacaktı?

SEKİZİNCİ BÖLÜM

HARP AKADEMİLERİ'NDEKİ TOPLANTI VE SONUÇLARI

Harp Akademileri her yıl yılın ilk aylarında bir sempozyum düzenler. Siyasi, iktisadi, askeri ve kültürel konular sivil ve askerlerin katılımları ile yapılır. Üniversiteler, Dışişleri, bazı bürokratik kuruluşlar, sanayiciler, işadamları, işçi örgütleri, eski siyasiler, diplomatlar, gazeteciler toplantıya katılırlar.

Toplantının "beyin fırtınası" olduğu, her türlü tartışmaların bir özgürlük ortamı içinde yapıldığı türden toplantılardır bunlar. Askeri çatı altında ama sivil toplantılardır. Her türlü görüş katılımcılar tarafından ortaya konur ve tartışılır. Şiddetli tartışmaların, otel salonlarında yapılan toplantıları aratmayacak bir biçimde yaşandığını görmüşümdür.

Birkaç yıldır Harp Akademilerindeki toplantılarda ben de konuşmacı olarak bulunuyorum. Avrupa Birliği ve Kıbrıs son yılların güncel konuları oldu. Bu konular da benim uzmanlık alanıma girdiği için aktif olarak katılıyorum. Öyle ya, 1969'dan beri Avrupa ile ilişkileri araştıran, çalışan ve bu konuda kitabı, 10 dolayında yayınlanmış sektörel araştırması ve yüzlerce makalesi bulunan bir akademisyen için burada konuşmacı olmak kadar doğal bir durum yoktur.

Tebliğimi Sunuyorum.

7 Mart 2002 sabah oturumunda 8 konuşmacıdan biriyim. 20 dakikalık konuşmamı yapıyorum; hazırlamış olduğum 6 sayfalık teb-

liğ özetine büyük ölçüde sadık kalıyorum; yazılı tebliğin fazlası var, eksiği yok. Konuşmanın başlığı, "Türkiye'nin İçinde Bulunduğu Bölgeye Avrupa Birliği'nin Etkileri". Bu etkiler siyasi, iktisadi, askeri ve kültürel alanları kapsıyor.

Tebliğ metnim aşağıda sunulmuş bulunuyor.

Avrupa Birliği'nin Türkiye'nin Bulunduğu Coğrafyaya Etkileri

Değerlendirmelerde Kullanılan Varsayımlar

- AB'nin Türkiye'nin bulunduğu coğrafyaya etkileri ele alınırken bu coğrafyanın sınırları olarak; Ege ve Balkanlar, Doğu Akdeniz, Ortadoğu, Kafkasya ve İran ile AB dışı, Karadeniz bölgesi ele alınmıştır.

Bu alan Türkiye ile birlikte Arap Ortadoğusu, İsrail, İran, Azerbaycan, Ermenistan, Gürcistan, Rusya, Ukrayna, Beyaz Rusya, Arnavutluk, Makedonya ve Bosna Hersek'i kapsar.

- AB'nin bu bölge ve ülkelere "etkileri" kapsamında da, "siyasi, iktisadi, askeri ve kültürel" etkileri değerlendirilmiştir.

- Analizler, AB'nin bugün devam eden bütünleşme sürecinin, yarın da aksamayacağına ve sonunda "Avrupa Birleşik Devletleri'nin federasyon ya da konfederasyon sınırları arasında gerçekleşeceği varsayımına dayandırılmıştır. AB'nin, soğuk savaş sonrası dönemde (orta vadede), ABD merkezli bir dünya düzenine "karşı koyabilmesi"; (uzun dönemde) de Çin ağırlıklı Asya Platformu karşısında gerilememesi için, AB içindeki bütün sorunlara rağmen, Avrupa Birleşik Devletleri'ni kurma yönünde ilerlemesi, vazgeçilmez bir koşul olarak ortaya çıkmaktadır. AB bu nedenle, tek ekonomik bütünlük, tek askeri güç ve ortak bir anayasa çatısı altında bütünleşmek zorunda bulunmaktadır.

Bunun esas gerekçesi "dünya üzerinde stratejik bir güç" olarak, geri kalmama (hatta ilerleme) meselesine dayanmaktadır.

- Analizlerde kabul ettiğim başka bir varsayım ise, "AB'nin uzun vadede de, Türkiye'yi içine tam üye olarak almayacağı (alamayacağı)" hadisesidir. Bu varsayımın gerekçelerini, "Avrupa Çıkmazı" adlı kitabımda ayrıntılı olarak ortaya koymuş bulunuyorum. AB için Türkiye'yi içine almasının siyasi, iktisadi, ve kültürel bedeli (maliyeti) olağanüstü boyutlardadır. AB, 1995 Gümrük Birliği belgesi ile, Türkiye'den almak istediği her şeyi, hem de sıfır maliyetle elde etmiş bulunmaktadır. AB'nin Türkiye'yi içeri alması durumunda;

a) işgücünün serbest dolaşımı, dolayısıyla Türkiye nüfusunun AB'ye akması;

b) Türkiye'ye "zengin üyelerden fakir üyelere yardım fasıllarından" büyük parasal yardım yapma zorunluluğunda olması;

c) ileride, Türkiye'nin en yüksek nüfusa sahip ülke olarak, AB'ni Almanya ile birlikte yönetir duruma gelmesi gibi AB'ni çok olumsuz etkileyecek bir bedel ödemesi durumuna getirir.

Ayrıca AB'nin Müslüman Türkiye'yi alıp Hristiyan Rusya'yı, Ukrayna'yı, Beyaz Rusya'yı dışarıda bırakması imkânsızdır. Bu ülkeleri ve Türkiye'yi tam üye olarak almış bir Batı Avrupa, kendi refah seviyesini geriletmiş olur.

AB zaten Türkiye'yi içine alacak olsa, Kıbrıs, Ege, Güneydoğu, sözde Ermeni soykırımı, Avrupa Ordusu'na (AGSP) tek yanlı bağlama konularında Türkiye'yi sıkıştırmazdı. Bütün bu konularda Türkiye'nin üzerine gelip dayatmalarda bulunması, Türkiye'yi yarın da almayacağının (alamayacağının) en açık göstergesidir.

AB'nin Bölgeye Yönelik Politikaları

a) AB bu bölgede "ikinci bir halka" oluşturmak istemektedir. İçine almadığı ülkeleri, "kendisine tek taraflı bağımlı hale" getirmek amacındadır.

- Türkiye ile yaptığı "Gümrük Birliği" antlaşması bunun bir örneğidir. Şu anda Türkiye, AB'ye tek taraflı bağımlı durumdadır. Türkiye, "AB'nin dışında olmasına rağmen, AB'nin dış ticaret politikasını uygulamakla yükümlüdür". Bu yükümlülükler Türkiye'yi AB'ye, "yavaş yavaş daha da bağımlı" hale getirmektedir.

- İş çevreleri, işçi sendikalarının bazıları, bazı kamu kuruluşları, üniversiteler, bazı medya kuruluşları yavaş yavaş AB'nin güdümüne girmektedirler. AB'deki çok uluslu firmaların Türkiye pazarındaki egemenlikleri hızla artmaktadır. Birçok imalat sanayii alanında firmalar el değiştirmiş ve AB firmalarının egemenliği artmıştır. Bankacılık, turizm, ulaştırma, sağlık, eğitim gibi alanlara da hızla girmektedir.

- Zaman içinde Türkiye'nin, "tamamen AB'ye tek taraflı bir yapıya sahip duruma getirileceğini" ve artık "kemikleşecek" olan bu yapılanmanın, Türkiye'deki ulusalcı çevreler tarafından hiçbir biçimde değiştirilemeyeceğinin politikası içindeler.

Son 12 yıl içindeki istatistiklere baktığımızda, özellikle 1995'ten itibaren, ivmesi artan bir tek yanlılığın ortaya çıktığını görmekteyiz. Sanayi, ticaret, tarım, turizm, ulaştırma, bankacılık, eğitim, sağlık alanlarındaki istatistikler, "tam bir netlikle bu acı gerçeği" ortaya koymaktadır.

- AB, kendi içine alamayacağı Akdeniz ülkeleri ile (Fas'tan Ürdün'e kadar) MEDA (Akdeniz İktisadi Kalkınma Programı) çerçevesinde ilişkilerini hızla geliştirmeye başlamıştır. 1990-1991 Körfez Bunalımı sonrasında ABD ve İngiltere, Körfez'e askeri olarak yerleşip Arap Ortadoğusu'nu denetimine alınca Akdeniz, "eski sahipleri"

AB'ye bırakıldı ve MEDA programı ağırlık kazandı. AB, MEDA çerçevesinde Fas'tan Ürdün'e kadar uzanan Arap ülkelerini (ve FKÖ) güneydeki "ikinci halka" olarak AB'ye ekonomik olarak "bağımlı" kılacak bir politika izlemeye başladı. Son yıllarda Kuzey Afrika ülkeleri ile "ikili serbest ticaret antlaşmaları" yaparak, kendisine ekonomik ve ticari yönlerden bağlama politikasını yürütegelmektedir. Bunlar "aday ülke" değillerdir.

İşin ilginç tarafı, "aday ülke" olan Türkiye de MEDA kapsamı içine alınmıştır. AB'den, "Yunanistan'ın veto ettiği yardımlar" alınamamakta, buna karşılık MEDA kapsamında, Türkiye'ye "sembolik" yardımlar yapılmaktadır.

AB bu bağlamda, Akdeniz'i AB'nin bir iç denizi gibi görüp kendi iktisadi, siyasi ve stratejik denetimine yönelik bir politika izlemektedir. Kıbrıs politikasındaki sertlik, tek yanlılık ve AB içine almak için aceleci davranışı, "ileride Türkiye'yi AB içine almama politikasının" bir sonucudur. Türkiye'yi yarın içine alacak olsa, Kıbrıs'ta uyuşmazlığın çözümünü zamana yayar, "Türkiye'nin AB'ye girişi ile eş-zamanlı olarak" kolayca çözebilirdi.

AB'nin Türkiye politikası, Ege konusunda da kendini göstermektedir. AB parlamentosu'nun 15.12.1996 tarihli kararına göre Ege'deki ihtilaflı bölgeler konusunda, "Türkiye'nin, Yunanistan'ın ve AB'nin Ege'deki haklarını çiğnediğini" ifade ederek, Ege'yi AB'nin bir iç denizi olarak görmekte, Türkiye'nin ileride de AB'ye alınmayacağının bir göstergesi olarak ortaya koymuş bulunmaktadır.

Balkanlar'da da AB, Kuzey Afrika örneğine benzer bir politika izlemektedir. Arnavutluk, Bosna-Hersek ve Makedonya ile "ikinci halka" ilişkileri planlamaktadır. Slovenya'dan başka, Yugoslavya (yeni) ve Hırvatistan da ileride AB'ye mutlaka alınacaktır.

Romanya ve Bulgaristan konusunda bazı tereddütlerin bulunduğu NIC (National İntelligence Council - CIA) Global Trend 2015 raporunda (2 Aralık 2000) da yer bulmaktadır. Yine bu rapora göre, Türkiye AB'nin içine alınmayacaktır.

AB'nin Ortadoğu Politikası, Enerji ve PKK Konusu

AB derken İngiltere'yi ayırarak değerlendirmek, "Kıta Avrupa'sı" demek daha doğru olur.

- Körfez Krizi Sonrasında ABD ve İngiltere "stratejik ortaklar" olarak Ortadoğu'ya yerleşmişlerdir; ayrıca "İngiliz toprağı sayılan" Kıbrıs'taki iki İngiliz üssü de ABD tarafından kullanılagelmektedir.

AB'nin büyükleri Almanya ve Fransa, Akdeniz'in yanı sıra Ortadoğu ve Kafkaslarda da ABD-İngiltere ikilisini "dengeleme" amacına yönelik politikalar izlenmektedir. En çarpıcı olanı, bölgedeki Kürtler konusunda, "ABD-İngiltere ikilisi" ile "Almanya-Fransa ikilisi" arasında süregelen çekişmedir.

Bu çekişme, "Türkiye'ye ödetilerek", Türkiye'nin sırtından yürütülmektedir. En azından, izledikleri politikanın sonuçları bu yönde gelişebilmektedir.

1992'den itibaren ABD-İngiltere ikilisi, K. Irak'ta kukla bir Kürt devletinin biçimsel altyapısını, "tamamen dışardan uygulayarak" yürütmüşlerdir. Bunu Başbakan Sayın Bülent Ecevit de kamuoyuna açıklamıştır. (Aralık 2001, Ocak 2002 çeşitli gazeteler ve TV beyanları). Ancak TSK böyle bir kukla devletin ilanını savaş nedeni sayacağını ortaya koymuştur. ABD ve İngiltere'nin K. Irak'ta yürüttükleri politikaya karşılık AB (Kıta Avrupası), PKK'yı AB güdümünde siyasallaştırarak, Anadolu'dan, K. Irak'taki Amerikan-İngiliz girişimini "dengelemek" istemektedir.

ABD ve İngiltere'nin K. Irak kartına karşılık, PKK'yı AB denetiminde, (Kıta Avrupası denetiminde), "Ortadoğu-Kafkasya hattında kullanabileceği bir maşa, bir köprübaşı olarak" görmektedir.

PKK'nın Kıta Avrupası'nda siyasi destek görmesinin arkasında yatan esas neden budur. Büyük güçlerin bölgedeki "stratejik paylaşım kavgasında" kullanabilecekleri araçlardır.

Bir varsayım olarak; ABD ileride, K. Irak'ta İncirlik düzeyinde üs inşa eder ise, Kafkasya ve İç Asya dengelerinde önemli değişmeler olur. Almanya, Fransa gibi ülkeler enerji politikalarında zaafa uğrarlar.

AB ve Karadeniz Bölgesi

AB, Rusya Ukrayna ve Beyaz Rusya'yı aynen Türkiye gibi, içine almadan yoluna devam edecektir. Bu ülkeleri ekonomik, ticari ve mali olarak AB'ye "bağımlı halde tutmaya" çalışacaktır. Bu konuda Almanya önemli girişimler içindedir. Almanya ile Rusya doğal gazını, yoğun bir biçimde kullanmaktadırlar. Bu yönü ile Rusya'nın elinde de önemli kozlar bulunmaktadır.

- İlginç bir biçimde, AB ile ilişkilerinde, "Türkiye, Rusya, Ukrayna ve Beyaz Rusya aynı kaderi" paylaşmaktadırlar. Hepsi de AB içine alınmayacaklar, "ancak AB tarafından, AB'ye bağımlı ikinci halka içinde" tutulmak isteneceklerdir.

- Rusya ve Çin'in Asya'daki ülkelerle oluşturmak istediği "Asya Platformu" gerçekleşebilirse "Asya'da önemli bir iktisadi, siyasi ve askeri güç merkezi" ortaya çıkacaktır.

Bu durum, ABD'nin olduğu kadar, AB'nin de "AB'nin doğu sınırındaki ülkeler ile ilişkilerini" önemli ölçüde etkileyecektir.

AB'nin Bölge Politikası ve Türkiye

AB, Türkiye'yi "dışlamayacak" ancak, daha önce belirttiğim nedenlerden dolayı Avrupa Birleşik Devletleri'nde Türkiye'ye yer vermeyecektir.

AB'nin esas amacı, "Türkiye'yi, aynen Kuzey Afrika ülkelerinde ve Rusya-Ukrayna politikasında olduğu gibi kendi etki (denetim) alanı içinde" tutma politikası gütmektir.

- 6 Mart 1995 Belgesi ile başlatılan tek yanlı ticari ve iktisadi bağımlılığı bürokrasiye, eğitime, sivil toplum örgütlerine yayarak Türk siyasetini denetim altında tutmak istemektedir.

- Türkiye'nin 1999'da başlatılan adaylık sürecinin, "Türkiye'nin önüne sürekli engeller konularak oyalanması" amacı güdülmektedir;

a) Kıbrıs ve Ege'nin AB vasıtasıyla Yunanistan'ın denetimine sokulması için baskı yapılmaktadır.

b) PKK'nın terör örgütü olarak kabul edilmesine, siyasallaştırılması çabaları, AB ülkelerinden etkili destek sağlanması Türkiye-AB ilişkilerini yarın da olumsuz etkileyecek bir politikadır.

c) Ermeni meselesinde AB, "Türkiye eğer soykırım yaptığını kabul etmez ise Türkiye-AB ilişkileri gelişemez" demektedir. Avrupa Ordusu (AGSP) konusunda da Türkiye'yi dışlamaktadır.

Bütün bunlar "şimdilik" Türkiye'nin önüne konmuş engellemelerdir. Yarın bunlara daha başkaları da eklenebilir. AB'nin bu politikası, "Türkiye'yi sürekli kapının önünde tutmak, bu arada alabildiği ödünleri almak ve tek yanlı bağımlılığı kemikleştirmek" biçiminde özetlenebilir.

Sonuç; AB'nin Türkiye'nin içinde bulunduğu bölgeye yönelik politikası, "yukarıda ortaya konan gelişmelerin ışığında" Türkiye'nin ulusal politikaları ile birçok konuda çatışma içinde bulunmaktadır. Temel sorun, "AB'nin Türkiye'yi içine alamayacağı" hadisesine dayanmaktadır. Türkiye AB ile tek yanlı bağımlılığını sürdürür ise, "Kıbrıs, Ege, PKK, Ermeni ve AGSP konularında, orta ve uzun vadede stratejik ödünler vermek zorunda kalacaktır".

ABD'nin de, K. Irak, Kıbrıs, Ege, Ermeni konularında, "Türkiye'-nin ulusal çıkarları ile bağdaşmayan" politikaları bulunduğu için, "AB ve ABD'yi Türkiye konusunda tamamen karşıt politikalar içinde değerlendiremiyoruz". Bu nedenle, aralarında rekabet ve çekişme olsa bile, anılan konularda, "Türkiye'nin ulusal çıkarları ile bağdaşmayan" ortak bir zemin üzerinde bulundukları görülmektedir.

Türkiye kaçınılmaz olarak, "AB'nin yakın bölge üzerindeki olumsuz etkilerini telâfi edecek dengeleri kurmak zorundadır".

Bölge ülkeleri ile ilişkilerin geliştirilmesi ve Asya Platformu ile "ortak çıkar noktalarının geliştirilmesi", yeni denge arayışlarında en önemli unsur olacaktır.

TSK'nın inisiyatif alarak bu konuda ilerlemeler sağlamasını, yeni denge politikaları arayışlarında olumlu bir gelişme olarak değerlendirmek gerekir.

Tebliğ metninde de görüldüğü gibi AB'nin uzun vadede de Türkiye'yi tam üye yapmayacağı ele alınmıştı. Konuyu yıllardır çalışan bir uzman olarak olayın AB açısından siyasi, iktisadi, sosyal ve kültürel "hesaplara" dayandığını biliyorum. Soğuk savaş sonrasında AB için Türkiye artık tek yanlı bağlanarak tutulacak bir ülke olmuştu. Böyle bir düzen Türkiye içinde de geniş bir destek görmekteydi.

Gerçekten de Türkiye'nin AB'ye tek yanlı bağlanmasını isteyen çok aktif ve örgütlü çevreler bulunmaktadır. Bunları kısaca görelim.

1) Bazı büyük sermaye çevreleri Türkiye'nin AB'ye tam üye yapılmasındansa, tek yanlı bağlı tutulmasını tercih etmekteydiler. Kendilerine göre nedenleri vardı.

a) Büyük sermaye çevrelerinin büyük bölümü çok uluslu şirketlerin Türkiye'deki bir parçaları veya uzantıları haline gelmişlerdi. Türkiye'nin AB'ye siyasi ve iktisadi olarak tek yanlı bağımlılığı bu çevrelerin çıkarlarını olumsuz etkilemeyecekti. Türkiye'de Fransa'daki gibi, Almanya'daki gibi "ulusal iktisadi çıkar anlayışı bulunmadığı için" tek yanlı dış bağımlılık, fiili durumun bir bakıma "tescili" anlamına geliyordu.

b) Askeri ve dini düzen ve yönetim riskleri büyük sermayeyi hep korkutmuştur. AB'ye tek yanlı bağımlılık, uzun vadede bu riskleri de ortadan kaldırabilecekti.

c) Piyasa ekonomisi bu bağımlılıkla, tam bir güvence altına alınacaktı.

d) İkinci ve üçüncü nesil büyük sermaye çevreleri Avrupa ve Batı ile, "aidiyet ve kültür bakımından" adeta özdeşleşmiş durumdaydılar. Bu çevreler, Türkiye siyasi ve iktisadi olarak tek yanlı bağımlı bile olsa, "egemen ve güçlü iktisadi unsurlar olarak" kendileri, Avrupa'nın (ve Batı'nın) üst katmanlarında ve "bağımsızca" yaşamlarını sürdürebileceklerini düşünmüşlerdir. Zaten Avrupa'daki konutları, aile çevresinin orada eğitimi ve iş hayatı bağımlılığı bu doğal ortamı hazırlıyordu. Avrupa'nın eski sömürgelerine bakıldığında benzer "yerli egemen çevrelerin", Avrupa'nın bir uzantısı olarak sömürgelerde yaşadıklarını görürüz. Hindistan'da, Kongo'da, Mısır'da, Irak'ta örnekleri sıkça görülmüştür. Bugün işler çok daha kolaydır; Küreselleşmenin ve iletişimin teknoloji ile yaygınlaşması, "bu aidiyeti" daha da mükemmel bir hale getirmiştir.

Türkiye'den somut bir örnek verelim; Büyük sermaye örgütleri Avrupa örgütleri ile "eşitlik içinde kabul görerek bütünleşebilmektedir". Buna karşılık çiftçi ya da esnaf örgütleri dışlanmaktadırlar. Bunlara sadece "yardım" verilir. Aynen sivil toplum örgütlerine yapılan "dış yardım" gibi. Bunlar içeri alınmazlar, "teknik ve mali yardımlarla bağımlı hale getirilirler".

Günümüzde tek yanlı bağlamanın ve örtülü sömürge anlamının alt yapısını hazırlamanın en geçerli yolu budur. Karen Fogg olayında da bu tür bağlantıların nasıl gerçekleştirildiği açık olarak görülmüştür.

2) İslâmı siyasallaştırmak isteyen çevrelerle ayrılıkçı çevrelerin de Türkiye'nin AB'ye tek yanlı bağlanmasını istedikleri açık olarak bilinmektedir. Böylelikle Ulusalcı ve merkeziyetçi yönetimler yerine, AB'nin egemen olduğu geniş ve yerel yönetim ağırlıklı bir yapıyı tercih ediyorlardı.

"Ankara yerine Brüksel" siyaseti bu çevrelerin işine geliyordu.

3) Geniş bir aydın kitlesi de "medyanın yıllardır yanlış koşullandırması sonucu", AB ile ilişkilerin tek yanlı bağlanmaya doğru sürüklendiğini farkedemiyordu. Kısmen farketse bile bilinçaltı "Avrupa imajı" bu kuşkuları silip atmaktaydı. Hatta genel havanın "Avrupa yönünde estirilmesi", doğmakta olan büyük sakıncaları gizliyordu.

Ulusal sanayi, ticaret, tarım ve işçiler, "ulusal örgütlenme zaafı içinde bulunduklarından", ödemekte oldukları faturanın, AB ile tek yanlı ilişkilerden kaynaklandığını açık bir biçimde göremiyorlardı.

Orgeneral Tuncer Kılınç'ın Soru ve Yorumu

MGK Genel Sekreteri Orgeneral Kılınç tartışmalar bölümünde söz aldı. Görüşlerinin şahsi değerlendirme olduğunu belirttikten sonra, "Erol Manisalı'nın söylediği her söze aynen katılıyorum. AB, Türkiye'yi ilgilendiren konulara menfi bakmaktadır. Türkiye AB'den yardım ve destek görmemektedir. Türkiye'nin, ABD'yi de gözardı etmeden Rusya ve İran'ı da içine alacak şekilde yeni arayışın içinde olmasında fayda görüyorum" dedi.

Orgeneral Tuncer Kılınç ne demek istemişti?

1) AB-Türkiye ilişkilerinde AB'nin Türkiye'ye olumsuz bakmakta olduğu doğruydu. Kıbrıs, Ege ve Güneydoğu meseleleri, Ermeni tasarısı, TSK'yı AGSP (Avrupa Ordusu)'den dışlaması başta gelen unsurlardı. AB, PKK'yı terör örgütü saymıyor, siyasallaşmasını istiyordu. Bütün bunlar, Türkiye'nin ulusal çıkarları ile taban tabana zıt hususlardır.

İktisadi olarak da AB'nin Türkiye'yi tek yanlı bağlaması diğer bir olumsuzluktur. Orgeneral Tuncer Kılınç bunlara dayanarak, "AB'nin Türkiye'ye olumsuz baktığını" söylüyordu. Kendisinin AB'ye yaptığı bu eleştiri,

- Orgeneral Kılınç'ın AB karşıtlığından ve düşmanlığından değildi.

- AB'nin Türkiye'ye karşı yıllardır takınmış olduğu olumsuz tavrı ortaya koyuyordu.

Bu değerlendirme ve tespit "objektif ve yadsınamaz" bir fotoğraftı.

2) Orgeneral Tuncer Kılınç bir ekleme daha yapıyordu; "ABD'yi gözardı etmeden, Rusya ve İran'ı da içine alacak yeni arayışların" yararlı olacağını ifade ediyordu.

- ABD'yi dışlamıyordu,

- Rusya ve İran sözcükleri ekleniyordu,

- Yeni bölgesel arayışlar ifade ediliyordu.

Türkiye-Rusya ilişkileri Putin'den sonra çok olumlu bir çizgide gelişiyordu. Askeri alanda, iktisadi alanda ve terör konusunda da (PKK) Rusya ile anlaşmalar yapılmıştı. İran ile de son aylarda ilişkileri geliştirme çabası içine girilmişti. Türkiye son iki yıl içinde Rusya, Irak, İran, Suriye ile yepyeni bir döneme giriyor, "Rusya ile birlikte bölgesel işbirliğinin her alanda öncülüğünü yapıyordu".

Belki de bu nedenle konferans adı "Türkiye ve Çevresinde Barış Kuşağı" olarak belirlenmişti. Son birkaç ay içinde Rusya - Azerbaycan, Türkiye - Rusya (15 Ocak), Türkiye - Suriye arasında yeni anlaşmalar yapılmış ya da parafe edilmişti. Bağdat-Tahran arasında da yine son aylarda yumuşama ve işbirliği yönünde gelişmeler oldu.

Toplantıda ifade edilmese de, Avrupa ve ABD Türkiye'ye örtülü silâh ambargosu uyguluyorlar. Türkiye bu nedenle, TSK'nın inisiyatifi ile Çin, Pakistan ve Rusya ile yeni askeri işbirliği anlaşmaları yapmıştır.

3) Orgeneral Tuncer Kılınç'ın "Erol Manisalı'nın her sözünü destekliyorum" konusuna gelince: Ben konuşmamda, neleri vurgulamıştım?

a) AB'nin Türkiye'yi ileride de tam üye olarak almayacağını söylemiştim. Geleceğin Avrupa Birleşik Devletleri'nde Türkiye'nin tam üye olarak yer almayacağını herkes biliyor. Konuyu istismar eden siyasiler ve içerde AB himayesine girmeyi kendisi için yararlı gören çevrelerin yapay pazarlamaları ile Türkiye yönlendiriliyor. TSK, Kıbrıs, Ege, Ermeni ve Güneydoğu meselelerinde dayatmalar artınca; Türkiye, Avrupa Ordusu'ndan (AGSP) dışlanınca bu gerçeği daha iyi değerlendirmeye başlamıştır.

Orgeneral Kılınç'ın benim bu görüşlerime destek veren tutumunun, daha açık bir biçimde ortaya çıkan bu gelişmelerden kaynaklandığı düşünülebilir.

b) Türkiye'nin Avrupa'ya (ve Batı'ya) tek yanlı bağımlı kalarak, "Batı'dan gelen tehdit ve dayatmalara karşı direnemeyeceğini", bu nedenle kendi bölgesinde ve Asya Platformunda, "dengeleyici unsurlar araması gerektiğini" belirtmiştim. Atatürk bu dengelemeyi sağlayarak Anadolu Bağımsızlık Savaşı'nı kazanmıştır. Batı soğuk savaş sonrasında, "yeniden eski taleplerini ve dayatmalarını ortaya çıkarmaya başladığı için" Türkiye'nin Batı'ya olan tek yanlı bağımlılığından kurtulması kaçınılmazdır.

Orgeneral Tuncer Kılınç, "şahsi düşüncesi" olarak belirttiği değerlendirmesinde; bu hususu da haklı olarak ortaya koymuştur.

c) AB'nin bir Hristiyan topluluğu olduğu konusu ise bizim değil Avrupalıların ifade ve tutumlarına dayanmaktadır. Son 20 yıl içinde 10 dolayında ünlü politikacı ve uzmanın bu görüşü ortaya koyduğunu unutmamak gerekiyor. Ayrıca,

- AB ülkelerinde yapılan kapsamlı kamuoyu araştırmalarında Türkiye'yi "dışarıda tutmak" isteyenlerin oranı (%80) dolayındadır.

- Maastricht anlaşmasının imzalanması sonrası 12 yıl içinde Avrupa'da yapılan seçimlerde "yabancıları" istemeyen partilerin oy oranları artmaktadır. Avrupa'da Kilisenin ağırlığı bu dönemde genişlemiştir. Bu eğilimler İsveç'ten İspanya'ya kadar "Kıta Avrupası"nda görülmüştür.

- AB'nin 12 yıldızlı bayrağı bile, "İsa'nın 12 Havarisini" temsil etmektedirler.

- Vatikan (Papa) Ermeni Patriği ile, "Ermeni davasını desteklediğini" artık bir deklârasyonla 2001 yılında açıklamıştır.

- Avrupa Konseyi ve AB'nin Fener Patrikhanesi konusundaki tutumları ve Patrikhane'yi Vatikan gibi evrensel (ekümenik) kabul etmeye başlamaları Hristiyanlık konusundaki tutumlarını göstermektedirler.

- Son yıllarda Avrupa kaynaklı olarak da, "Türkiye üzerinde misyonerlik faaliyetlerinin iyice yaygınlaştığı" açık olarak görülmektedir. Devlet kurumları bu konuda ciddi önlem almak gereksinimini duymuşlardır; olaylar medyaya geniş bir biçimde yansımaktadır.

Bütün bu gerçekleri önemsememek demek, kafamızı kuma gömmekle eş anlamlı olur. Bunlar ortada duran somut gelişmelerdir. Benim bu konuda yaptığım değerlendirme gerçekçidir.

d) Konuşmamda vurguladığım bir husus vardı: belki de en can alıcı nokta buydu; "Türkiye-AB ilişkileri mevcut tek yanlı yapısını 10-15 yıl daha sürdürürse yalnız Türkiye ekonomisi, maliyesi, medyası, bürokrasisi ve eğitimi değil, TSK da AB karşısında parmağını oynatamayacak hale gelecektir" dedim. Çok doğal olarak bir ülkenin,

- İç pazarı tamamen AB'nin ve çok uluslu şirketlerin tekeline girerse,

- Mali kurumlar, bankaları AB'ye bağımlı duruma sokulursa,

- Bürokrasi tek yanlı olarak AB bürokrasisine bağlanırsa,

- Medya kuruluşları, eğitim ve sağlık kurumları, iletişim kurumları, hava yolu şirketleri AB şirketlerinin denetimi altına girerse,

- Siyasetçileri AB etkisi içinde bulunurlarsa, bu ülkenin ordusunun, bütün bunlardan farklı olarak bağımsız kalabileceğini düşünmek ne akılcı, ne de bilimsel bir değerlendirme olur.

Kralın Çıplak Olduğunu Görmek

Bu belki de vurguladığım "en önemli" husustu. AB'nin Türkiye politikası, bu nokta üzerine odaklanmış bulunmaktadır. İktisadi, siyasi ve sosyal olarak "zaman içinde yavaş yavaş oluşmakta olan tek yanlı bağımlılık" farkedilmemekte, belirli bir süre geçtikten sonra TSK değil hiçbir iradenin (gücün) değiştiremeyeceği "bir kilitlenme noktasına" ulaşmaktadır.

Artık o noktada AB çevreleri her şeye egemendir;

- Çok uluslu şirketleri ticareti, yerli sanayii, mali kuruluşları yönlendirir durumdadır,

- Bürokrasi tamamen "AB perspektifi ve denetimi içine sıkıştırılmıştır",

- Eğitim kurumları, sağlık, halkla ilişkiler, vs yabancı şirketlerin elindedir,

- Siyasiler de Brüksel'e göre hareket edebilmektedirler,

- İşçi sendikaları, sivil toplum örgütleri AB ile işbirliği adı altında aldıkları yardımlara göre yapılanmışlar ve AB ülkelerinin güdümüne girmişlerdir,

- Medya ve iletişim büyük ölçüde AB şirketlerinin (ve siyasetinin) denetimindedir,

Ve Türkiye AB'nin dışında aday ülke olarak, AB ile Kıbrıs, Ege, Ermeni, Güneydoğu, AGSP konularında halâ "didişmektedir".

AB'nin 1987'de Türkiye'yi reddettikten sonra, "yavaş yavaş oluşturduğu ve kendisini egemen hale getirdiği Türkiye politikaları" bunlardır. Bu politika doğrultusunda "Türkiye'nin oyalandığı, her yıl direncinin daha da kırıldığı yeni bir nokta demektir".

İşte bu nedenle Orgeneral Tuncer Kılınç'ın çıkışı

- Bazı büyük sermaye çevrelerinde,

- Dinci ve ayrılıkçı kesimlerde,

- AB Muhipleri çevrelerinde,

bu kadar büyük gürültü kopmasına yol açmıştır. Çünkü Kılınç Paşa'nın çıkışı "AB'nin öngördüğü ve uygulamak istediği politikayı ortadan kaldırabilecek bir tutumdur".

Kılınç Paşa ne diyor?

- AB bize zarar veriyor diyor; bir TSK mensubu, şahsi de olsa "bu zararı" ortaya koyuyor

- Zararın daha da büyümesini önlemek için Türkiye yeni arayışlar içinde olmalıdır diyor.

Böyle bir yaklaşıma Türkiye'nin çıkarlarını korumak isteyen herkesin destek vermesi gerekmez mi?

- Çiftçinin, işçinin, esnafın, ulusal sanayicinin yanında olanların,

- Çok uluslu şirketlerin Türkiye ekonomisini işgal etmelerine karşı olanların,

- Türkiye'nin AB'ye siyasi, iktisadi, sosyal, askeri olarak tek yanlı bağlanmasına karşı olanların,

- Türkiye'nin örtülü bir sömürge olmasını istemeyenlerin,

- Türkiye'nin uluslararası ilişkilerinde uygar, demokratik, karşılıklı esasını gözeten bir ülke olmasını özleyenlerin Tuncer Kılınç'ın yaklaşımına destek vermeleri gerekmez mi?

Medyadaki Değerlendirmeler ve Çarpıtmalar

7 Mart 2002 Perşembe günü öğle saatinden itibaren medyada çok büyük bir hareketlenme başladı. Adeta hücuma uğramıştım. Ben kitaplarımda, makalelerimde, konferanslarımda savunduğum ve bilimsel kanıtlara dayalı görüşlerimi ortaya koymuştum. Bu defa önemli bir Orgeneral, şahsi görüşü olarak, benim değerlendirmelerimi desteklemişti. İşin odak noktası "kralın çıplak olduğunun Kılınç Paşa tarafından ortaya konması idi".

Medyanın ilgisi "alternatif arayış" vurgulamasında odaklanmıştı. Cümlenin sonunda da "İran" ekleniyordu. "AB'nin alternatifi İran" biçiminde bir saptırma kulakları çınlatmaya başlamıştı. Oysa odak noktası bu değildi; işin odak noktası, "AB'nin Türkiye politikasındaki çarpıklıktı".

İşin özünde, benim eleştirdiğim ve Kılınç Paşa'nın da destek verdiği şey AB'nin Türkiye politikası idi.

- AB, Türkiye'ye siyasi dayatmalarda bulunuyordu

- Birinci Dünya Savaşı sonrası talepleri hatırlatan dayatmaları yeniden masanın üzerine getiriyordu,

- Türkiye'yi kendisine tek yanlı bağlıyordu,

- Türkiye'ye iktisadi ve siyasi olarak zarar veriyordu,

- Türkiye'yi kapının önünde tutarak oyalıyordu,

- Türkiye bu zararı ortadan kıldırmak için "ABD'yi gözardı etmeden Rusya ve İran dahil yeni bölgesel arayışlar içinde olmalı idi".

İşin esası bu iken Kılınç Paşa, "AB'nin alternatifi İran'dır" demiş gibi sunuldu. Bu düpedüz yalandı. Akılcı ve Türkiye'nin ulusal çıkarları doğrultusunda bir yaklaşım, "Hitler ya da Stalin dönemlerini hatırlatan saptırmalarla" halkın önüne sunuluyordu. Yani medya halkı aldatıyordu. Niçin? Çünkü "esas meselenin" ortaya çıkması engellenmek isteniyordu; hedef saptırması yapılıyordu.

Büyük sermaye medyası bunu hep yapmıştı ve Türkiye'nin iç ve dış dengelerinin bozulmasında önemli etkileri olmuştu. Toplumsal demokrasi boşluğunu, bazı sermaye çevreleri, bazı medya kanalları ile istedikleri gibi doldurup yönlendiriyorlardı.

7 Mart öğlenden itibaren TV, gazete ve ajansların hücumuna uğradım. Benim için hiçbir sorun yoktu; görüşlerim gayet açık ve tutarlı idi. Üstelik AB konusunda son 10 yıl içinde söylediklerimin hepsinde de haklı çıkmıştım. Özellikle 1994 ve 1995'te ileri sürdüğüm görüşlerde ne kadar haklı olduğumu aradan 7-8 yıl geçince işçi örgütleri ve işveren örgütleri tarafından da doğrulanmaya başlamıştı. Bu nedenle ben çok rahattım.

İlk günü NTV, TGRT, TV8, Haber Türk, Kanal D, TRT, STAR, STV gibi kanallara, birçok gazeteye ve bazı iç ve dış ajanslara konuştum. Cep telefonu kullanmadığım için rahattım ama evdeki telefonlar ve fakslarım kilitlendi.

Masum, sağduyulu, akılcı bir konuşma yanlış bir biçimde İran'a odaklanmıştı. İran için böyle bir "ağırlık" verilmemişti. Ancak İran, "bazı medyanın konuyu ve TSK'yı istismar etmek için" odak noktası yapılmıştı.

Toplantı Tartışmalı İdi...

Bir de toplantılar zaten çok sayıda sivil ve askerin biraraya gelip istediklerini rahatça söyleyebildikleri bir "beyin fırtınası" olarak yapılıyor. Bu durum açılışta da söylendi. Geçen yıl da çok şiddetli tartışmalar olmuştu.

Ayrıca "asker görüş bildirmemeli" eleştirileri başlatıldı. Sivillerin ve askerlerin karşılıklı fikir alış-verişi için yapılan akademik bir ortamda asker neden görüş belirtmesin ki? Üstelik Kılınç Paşa fazladan, "şahsi görüşümdür" eki ile sözlerine başlamıştı. Asker de sivil de oraya konuşmak, görüş bildirmek için gelmişlerdi.

Bir kısım medya "AB'nin üzerindeki pisliği" temizlemek için,

- asker konuşmaz,

- alternatif İran olur mu,

- bunlar Batı düşmanı gibi,

31 Mart yobazlarını hatırlatan yobazlık içindeydiler.

Ayrıca AB'nin ortaya dökülen pisliğini temizlemeye çalışırken de İngiliz Muhiplerini ya da Sait Molla veya Rahip Frew'u hiç mi hiç aratmayanlar vardı. İnanılmaz bir çarpıtma ortalığı dolduruyordu.

Birkaç hafta önce Karen Fogg olayında ortaya çıkan malûm insanlar bu defa da AB'nin ortaya saçılan pisliğini kapatmaya çalışıyorlardı.

Ancak pislik örtemeyecekleri kadar büyüktü.

Medyadaki Farklılaşmalar

7 Mart Perşembe gününden itibaren ilk 5-6 gün tam bir medya bombardımanı altında kaldım. Telefonlarım, fakslarım kilitlenmişti; eve ve üniversiteye randevusuz ziyaretçiler akın etmeye başlamıştı. 8 Mart'tan itibaren gazetelerde yayınlar başladı.

- Bütün gazetelerde yayınlar başladı.
- Televizyonlar her gün saatlerini ayırıyorlardı.

Kaç televizyon kanalına çıktığımı tam olarak hatırlamıyorum ama aklımda kalanlar şunlar: TRT, Kanal D, TGRT, Haber Türk, TV8, NTV, Samayolu, STAR, ULUSAL. Bunlardan bazılarında birkaç çekim yaptılar. Ayrıca Haber Türk, TGRT, TV 8 uzun programlar yaptılar. Star Kırmızı Koltuk programına çağırdı, Kanal D Teke Tek programı bu konuya ayrıldı. Telefonla katıldığım 5-6 televizyon ile 7-8 kadar radyo programı oldu.

Köşe yazarları bölünmüşlerdi. Şöyle bir sınıflama yapabilirim.

1) Bazı yürekli imza sahipleri doğrudan doğruya destek vermişlerdi. Bunlar patron korkusu olmayan az sayıdaki yazardı.

2) Bir kısım idare etmeye çalışmıştı. Ne şiş yansın ne kebap misali ortada görünmeye çalışmışlardı.

3) Eleştiri ağırlıklı olanlar vardı. Bunlar meseleye,

- Asker görüş söyleyemez,
- İran, AB'nin alternatif olur mu,

gibisinden, "meseleyi anlamamazlıktan gelerek ya da farkında olmayarak" kısmen değiştirenlerdi.

- Bir de cepheden saldıranlar vardı. Bunlar Karen Fogg olayında isimleri ortalığı saçılan "malûm" kişilerdi. Onların kusuruna bakmamak gerek, görevlerini yerine getiriyorlardı. Bunlar, profesyonel AB Muhipleri idiler.

Ama Halk Anlamıştır

Medyadaki bu karmakarışık duruma rağmen halk anlamıştı. Sokaktaki insan neyin olup bittiğini görüyordu. Sağduyusu ile ortalıkta bir yığın karmakarışık söylenenler içinden doğruları adeta cımbızla çekip ortaya çıkarmasını bilmişti. Yüzlerce telefon, yüzlerce yolda çeviren insanın söyledikleri inanılmaz ve şaşırtıcıydı. Uzman olmayan bu insanlar "yalan söyleyen uzmanların" yalanlarını görebiliyordu. Şaşırıyordum, halkın sağduyusu muhteşemdi. Halk yalan dinleye dinleye, yalan okuya okuya doğruyu yalandan ayırma becerisini kazanmıştı. Artık sahtekarlar halka değil aynaya, kendilerine konuşuyorlardı sanki; bunu bana sokaktaki insan, halkın kendisi haykırarak söylüyordu. Övünülecek bir şeydi; kimi medya kendi tuzağına düşüvermişti. Bana cevap vermek için çıkardıkları "uzmanlara" halk inanmıyordu. Gerçekten şaşırıp kalmıştım.

Halk yalan söyleyen politikacıyı biliyor, "uzmanların" da yalan söylediklerini yalnız sözlerinden değil, davranışlarından ve yüz ifadelerinden bile çıkarıyorlardı. 4-5 gün içinde konuştuğum yüzlerce insanın bana söyledikleriydi bunlar.

Halk gerçekten uyanıyordu. Yıllardır ilk defa böylesine bir uyanış ile karşılaşıyordum. 7-8 Mart 2002 tarihinde yapılan sempozyumda bazı medya çevrelerinin "patlattığı" olay, bir bumerang gibi bu çevrelerin üzerine geri dönüvermişti.

Bazı kanallarda ve sayfalarda yürekli medya mensuplarını da övgüyle anmak istiyorum. Gerçeklerin üzerine gitme cesaretini gösterdikleri ve doğru söyleyenlerin arkasında oldukları için.

Bu olay dolayısıyla bir hafta, on gün boyunca çıkan yazılar, yapılan yayın ve değerlendirmeler araştırmacılar tarafından toplanmalı ve medya sorunlarına ışık tutacak bir belge hazırlanmalıdır. Çünkü ortaya çıkan farklılıklar ve saptırmalar, sadece görüş ayrılıkları olarak değerlendirilecek türden değildir; daha başka çok önemli sorunlara da ışık tutabilecek özelliktedirler.

Türkiye'nin içinde bulunduğu kritik değişim ve dönüşümün anlaşılmasında, yüzeysel hesaplamaların ötesinde, bazı derinliklere ulaşılmasında yol gösterecek bulgular olarak görmek gerekir.

DOKUZUNCU BÖLÜM

TÜRKİYE - AVRUPA BİRLİĞİ İLİŞKİLERİNDEKİ "TEK YANLILIĞA" TEPKİLER

1. Gümrük Birliği'nden Doğan Tek Yanlılığa Tepkiler 6 Mart Mart 1995'te imzalanan ve 1.1.1986'da yürürlüğe giren Gümrük Birliği'ne (GB) hem işçi, hem de işveren cephelerinden tepkiler gelmiştir. Bu tepkiler, 4-5 yıllık uygulamalar sonunda görülen tepkiler oldu. Oysa, belge tek yanlı olduğu için bu sonuçların çıkacağı baştan belli idi.

1995'te yayınladığım Gümrük Birliği'nin Siyasal ve Ekonomik Bedeli (Bağlam Yay.) kitabımda olacakları anlatmıştım. Ayrıca, 1994 ve 1995 yıllarında yayınladığım 100 dolayında makalede de öngörülerimi belirtmiştim. (Türkiye - Avrupa Birliği İlişkileri, 1997, Cumhuriyet Yay.)

Gümrük Birliği'nin beş yıllık uygulaması sonucu, tek yanlı ilişki düzeninin "doğrudan etkileri" yanında, "dolaylı etkileri" de krizin içine girmesine, milli gelirin %9.4 küçülmesi sonucunu doğurmasına yol açmıştı.

- İlk 5 yıllık uygulamada AB ile dış ticaret açığımız 57 milyar dolar oldu.

- AB'nin gizli subvasiyonlu ürünleri ile üçüncü ülkelerin ucuz ve dampingli ürünleri Türkiye pazarını doldurduğu için fabrikaların çoğu kapandı. 2001 yılında 120 bin işyeri faaliyetini durdurdu.

- Krize giden ulusal sanayiciler tesislerini, çok düşük bedellerle çok uluslu şirketlere sattılar. Çok uluslu şirketler Türk pazarına egemen olmaya başladılar.

Gıda, inşaat malzemeleri, beyaz eşya, ilaç, sanayii, mobilya, metal işleme sanayii, bankacılık gibi alanlarda mevcut fabrikalar ve kurumlar yabancıların ellerine geçti.

- Ticari alanda iç pazar, yabancıların denetimine girdi. Tütün ürünlerinde yabancıların payı %20'den %60'a yükseldi. Anadolu'daki meslek kuruluşları ve odalar büyük tepki göstermeye başladılar.

TÜRKİYE'NİN AB İLE TİCARETİ
(Milyar Dolar)

Yıllar	İhracat	İthalat	Denge	İhr/İth(%)
1993	7.3	12.9	-5.6	56.5
1994	8.6	10.3	-1.7	83.5
1995	11.1	16.9	-5.8	65.7
1996	11.5	23.1	-11.6	49.8
1997	12.2	24.9	-12.7	48.9
1998	13.5	24.1	-10.6	50.6
1999	14.3	21.4	-7.1	66.8
2000	14.5	26.6	-12.1	54.5

Kaynak: Dış Ticaret Müsteşarlığı.

TÜRKİYE'NİN DIŞ TİCARETİ
(Milyar Dolar)

Yıllar	İhracat	İthalat	Denge	İhr/İth(%)
1993	15.3	29.4	-14.1	52.1
1994	18.1	23.3	-5.2	77.7
1995	21.6	35.7	-14.1	60.5
1996	23.2	43.6	-20.4	53.2
1997	26.3	48.5	-22.2	54.2
1998	27.0	45.9	-18.9	58.7
1999	26.6	40.7	-14.1	65.3
2000	27.8	54.5	-26.7	51.0

Kaynak: Dış Ticaret Müsteşarlığı.

İstanbul odaklı kimi büyük sermaye çevreleri ve bunların denetimindeki medya bu olumsuz gelişmeleri görmezlikten geldiler. Buna karşılık Anadolu'daki meslek kuruluşları ve odalar büyük tepki gösterdiler.

İşçi sendikaları da yavaş yavaş tepkilerini ortaya koyuyorlardı. 2001 yılı sonunda ilk defa Türk İş'in, kapsamlı bir tepki verdiğini görüyoruz. Bu tepki yalnız GB'nin işçiye büyük zarar veren sonuçlarından kaynaklanmıyordu. İleride ortaya konacağı gibi, kapsamlı bir değerlendirmeyi de içeriyordu.

AB'nin Yanlı Dayatmalarına Tepkiler

AB Kıbrıs, Ege, Güneydoğu, Ermeni meselesi, TSK-Avrupa Ordusu (AGSP) ilişkilerinde tek yanlı dayatmalarda bulunuyordu. Bunlar, Türkiye'yi AB'nin kapısına sürekli olarak oyalamak ve içeri almamak için konmuştu. Dışişleri eski müsteşar yardımcısı İnal

Batu'nun da belirttiği gibi (Düşünceler, Gündoğan Yay, 2002), "AB 1999'da Türkiye'yi istediği ödünleri almak için aday yapmıştı".

Bütün bu dayatmalar, kimi büyük sermaye çevrelerinin ellerindeki gücü kullanarak örtme çabalarına rağmen büyük tepki görmeye başladı.

- Türkiye'nin ulusal çıkarları konusunda duyarlı sivil toplum örgütleri,

- Bazı ticaret ve sanayi odaları,

- Bazı siyasi partiler,

- Bazı işçi sendikaları,

- Ve en önemlisi TSK,

Türkiye'nin ulusal çıkarlarında AB tarafından yaratılmak istenen zaaflara karşı büyük tepki göstermeye başladılar.

ONUNCU BÖLÜM

İŞÇİ SENDİKALARININ AB'YE BAKIŞI VE TÜRK İŞ'İN YENİ POLİTİKASI

Türkiye-Avrupa ilişkileri genelde Ankara-Brüksel ilişkileri olarak yürütülmüştür. Ancak 1980'den sonra büyük sermayenin Batı ile ilişkilerde yavaş yavaş öne çıkmaya başladığını görüyoruz. 1980'li yıllarda Turgut Özal'ın Özalizm politikası ile birlikte, "dar bir büyük sermaye çevresi" Turgut Özal'ın yakın çevresinde "Türkiye-Avrupa (AT) ilişkilerini" doğrudan doğruya yönlendirmeye başlamıştır.

Bu dönemde işçi sendikalarının geri planda kaldıklarını görüyoruz. İşçi sendikaları sadece Türkiye-Avrupa ilişkilerinde değil, "toplumsal demokrasinin işlememesi sonucu" bütün siyasal, sosyal ve ekonomik gelişmelerde, "yönetimdeki ağırlıklarını gerekli toplumsal boyutlarda" yürütememişlerdir.

1980'li ve 1990'lı yıllarda Türkiye'de MESS'den ve Dünya Bankası'ndan gelen bir başbakanın egemen olması, bu sonucun doğmasında ve bazı büyük sermaye çevrelerinin yönetimde aşırı ölçüde öne çıkmasında etkili oldu.

Turgut Özal bazı büyük sermaye çevrelerinin de etkisi ile 1989 yılında Türkiye AT (AB) tarafından reddedildikten sonra, "tam üye olmasak da Gümrük Birliği'ne gireceğiz" derken işçi sendikaları bir tutum ortaya koyamıyorlar, tepki gösteremiyorlardı.

İşçi sendikaları 1994 ve 1995 yıllarının, bazı büyük sermaye çevrelerinin önderliğinde, Türkiye - AB ilişkilerini yönlendirdiği ve hatta yönettiği yıllarda da geri planda idi. Hatta kısmen de, büyük sermayenin yanında yer alıyorlardı. "İşçiler ve işçi sendikaları" böyle bir tutum içindeydi demek biraz yanlış olur; bazı sendika liderleri böyle tutum içindeydi demek daha doğrudur.

Çünkü söz konusu bazı sendika liderleri işçilerin ve Türkiye'nin sorunlarından çok kendi kişisel siyasi yatırımları içinde bulunuyorlardı.

1995 Ocak, Şubat ve Mart aylarında benim de katıldığım gazete ve televizyon tartışmalarında bazı sendika liderlerinin,

- Türkiye'yi AB'ye tek taraflı bağlayan,

- birkaç yıl içinde Türkiye'deki ulusal sanayii geriletecek olan, Gümrük Birliği anlaşmasını nasıl savunduklarını hayretle gördüm.

O dönemde işçi sendikaları, "Türkiye'nin AB 'ye tek taraflı bağlı hale getirilmesinin en fazla Türk işçisine zarar vereceğini" hem anlayamıyorlar, hem de anlamak istemiyorlardı. Eğer işin vahametini görebilmiş olsalardı, "anlamamakta bu kadar direnmezlerdi". Bazı kişisel çıkarları için Türkiye'ye bu kadar büyük zarar verme sorumluluğunu paylaşmazlardı sanıyorum.

Bazı işçi sendikaları, aynen bazı ulusal sanayicilerde olduğu gibi, Gümrük Birliği uygulamasının sonuçlarını 2000'li yılların başında görmeye başladılar.

Türk İş'in Olumlu Tutumu

2001 yılının sonunda Türk iş, Türkiye-AB ilişkileri ile ilgili olarak, "AB Türkiye'den Ne İstiyor" isimli bir rapor hazırladı. Bu raporu Cumhurbaşkanı Ahmet Necdet Sezer'e sundu. Ayrıca ufak bir broşür getirerek ilgililere gönderdi.

Bu hareketi, Türkiye'de toplumsal demokrasinin işlemesi bakımından çok önemli bir gelişme olarak görmek gerekir. Türk İş, Türkiye'nin ulusal çıkarları doğrultusunda bir tutum belirliyordu. İşçinin çıkarları ile dış ilişkiler arasında bağların kurulmasında bir öncü harekete imzasını atıyordu.

Bir "işçi hareketi" olarak işgücünün uluslararası ilişkilerde çıkarının, "ulusal çıkarlar ile nasıl bağdaştırılacağının" örneğini veriyordu. Türk İş'in bu kapsamlı tutumu aynı zamanda, "yürütülmekte olan sessiz darbeye de bir karşı çıkma" özelliği taşıyordu.

Türk İş'in Kamuoyuna Sunduğu Rapor

Türkiye'nin Avrupa Birliği ile ilişkileri incelenirken, Avrupa Birliği'nin Türkiye'den ne istediği kamuoyuna yeterince açık bir biçimde yansımamaktadır. Öne çıkan talepler, genellikle Avrupa Birliği'nin yürütme organı olan Avrupa Komisyonu'nun raporlarında yer alan isteklerdir. Ancak, Avrupa Birliği'ne yeni üyelerin alınması konusunda söz hakkı olan Avrupa Parlamentosu'nun Türkiye'ye ilişkin görüşleri ve Türkiye'den talepleri, Avrupa Komisyonu ve Avrupa Birliği Konseyi'nin diplomatik formülasyonlarından farklı olarak, çok net ve açıktır; bu nedenle de Avrupa Birliği'nin gerçek tutumunu daha doğru bir biçimde yansıtmaktadır.

Bu yazının amacı, Avrupa Birliği'nin, tam üyelik görüşmelerinin başlatılması için önkoşul olarak öne sürdüğü bazı talepleri, Avrupa Parlamentosu kararlarıyla ve AB'nin diğer bazı organlarının ve çalışma gruplarının belgeleriyle sunmaktır. Bu belgelerin tümüne internet üzerinde erişilebilir.

Avrupa Birliği'nin Kopenhag kriterleri olarak formüle edilen talepleri, demokrasi, hukuk devleti, insan hakları, azınlıkların korunması, piyasa ekonomisi gibi başlıkları içermektedir. Bu talepler doğrultusunda bazı adımlar atılmıştır. Örneğin, uluslararası tahkim, Avrupa Birliği'nin de talepleri arasında yer almaktadır. Avrupa Birliği'nin bu talepleri yerine getirilirse, Türkiye parçalanacaktır. Bu taleplerin yerine getirilmesi durumunda Avrupa Birliği'nin üstlendiği tek yükümlülük, tam üyelik görüşmelerine başlanabilmesidir. Ancak, Türkiye'de ekonomik kriz devam ettiği sürece, tam üyelik görüşmelerine başlanabilmesi de olanaklı değildir.

Avrupa Birliği'nin demokratikleşmeye ilişkin taleplerinin ciddiyeti ve samimiyeti de ayrıca tartışılabilir. Ulusal Kurtuluş Savaşımızla da kanıtlandığı gibi, demokratikleşme ancak bağımsızlık ve ulusal egemenlik temelinde gerçekleştirilebilir. Avrupa Birliği'nin taleplerinin, bağımsızlığı ve ulusal egemenliği böylesine zedelediği koşullarda, kanımızca, samimi bir demokratikleşme talebinden söz etmek olanaklı değildir. Demokratikleşme ve insan hakları adına Sevr Antlaşmasını hortlatmayı amaçlayan bir anlayış söz konusudur. Ulusal çıkarlarımızla ve çalışanların çıkarlarıyla temelden çatışan temel talepler genellikle gözardı edilirken, yalnızca insan hakları ve demokratikleşmeye ilişkin bazı göstermelik talepler belirli çevrelerce sürekli olarak gündemde tutulduğundan, bunlar bu yazının kapsamı dışında bırakılmıştır.

Türkiye'nin Avrupa Birliği ile 31.12.1995 tarihinde girdiği gümrük birliği ilişkisi ekonomimize büyük zararlar vermiştir. Türkiye elindeki büyük bir kozu AB'ye teslim etmiştir. Halen sürmekte olan görüşmelerle, gümrük birliğinin tarım ürünlerini ve hizmetler sektörünüde kapsamasına çalışılmaktadır. Avrupa Birliği'nin tarım ürünlerinde ve hizmetler sektöründe uyguladığı yüksek standartlar nedeniyle, Türk tarım ürünlerinin bu piyasalara girmesinde büyük engeller ve zorluklar yaşanacaktır; Türklerin AB ülkelerinde hizmet sunabilmesi de mümkün olmayacaktır. Tarım ürünleri ve hizmetler sektörü de gümrük birliği kapsamına alınırsa, ekonomimizdeki çöküş daha da hızlanacaktır. Aynı durum, kamu ihalelerinin karşılıklı olarak açılması için de söz konusudur. Ayrıca, Ulusal Program'da üstlenilen yükümlülük yerine getirilerek yabancıların Türkiye'de çalışmaları konusunda mevcut kısıtlama ve yasaklamaların kaldırılması durumunda, özellikle eğitimli işgücünün işsizliği daha da artacaktır. Yazıda bu konulara girilmemiştir. Yazıyı kısa tutma kaygısıyla, belgelerde yer alan taleplerdeki yinelemeler aktarılmamış, çok önemli olmayan bazı konulara değinilmemiştir.

Avrupa Birliği organları, Türk işçilerine serbest dolaşım hakkının hâlâ verilmemesi, AB'nin Türkiye'ye mali yükümlülüklerini yerine getirmemesi, AB'ye üye bazı devletlerin Cumhuriyet ve Türk aydınlanması düşmanlarına ve terör örgütlerine verdiği sistemli destek ve çeşitli ülkelerde Türkiye'yi doğrudan ilgilendiren hukukdışı uygulamalar (Yunanistan'daki Türk azınlığın sorunları, Ege adalarının silahlandırılması, vb) konularında ise susmaktadır. Bu suskun tavır da, hukuk, demokrasi, insan hakları konusundaki taleplerin samimiyetsizliğine ilişkin düşünceyi güçlendirmektedir.

(1) Kıbrıs, (2) Ermeni soykırımı iddiaları, (3) azınlıklar sorunu - bölücülük, (4) Ege sorunu, (5) Patrikhane, (6) Heybeliada Ruhban Okulu'nun yeniden faaliyete geçirilmesi, (7) IMF programlarının uygulanması konularındaki bazı AB belgeleri aşağıda sunulmaktadır:

(1) Kıbrıs

Avrupa Birliği, Türkiye'yi Kıbrıs'ta işgalci olarak suçlamakta, Türk Silahlı Kuvvetleri'nin adadan derhal çekilmesini talep etmektedir. Uluslararası hukuku çiğneyerek Güney Kıbrıs ile üyelik görüşmelerine başlayan AB, bu görüşmelerin Ada'nın toprak ve nüfus bütünlüğü adına yapıldığını iddia etmektedir.

Avrupa Parlamentosu "Başbakan Tansu Çiller'in gelecekte Avrupa Birliği'ne katılması ile bağlantılı olarak Kıbrıs'ın kuzey tarafının Türkiye'ye olası bütünleştirilmesi konusundaki sözlerine ilişkin açıklamayı teessüfle karşılar; Türkiye'nin Kıbrıs konusunda Gümrük Birliği'nin hükümlerine uymasını ister; Komisyonun ve Konsey'in, Kıbrıs'ın bölünmesini sona erdirmeyi teşvik edecek gerekli adımları atmasını ister ve onlardan, bu soruna bir çözüm bulabilme yardımcı olmak üzere bir arabulucuyu aday göstermelerini ister." (18.01.1996)[1]

Avrupa Parlamentosu "**Türk Hükümetinden, özellikle işgalci asker güçlerin geri çekilmesi**" ve Kıbrıs sorununa adil ve uygulanabilir bir çözüm bulunması çağrısında bulunan Birleşmiş Milletler kararlarını kabul etmesini ve uygulamasını ister ve Kıbrıs Hükümeti ile Kıbrıs Türk toplumunun yönetimi de, Kıbrıs sorununa BM Güvenlik Konseyi kararlarına uygun barışçıl bir çözüm aramaya devam etmeleri çağrısını yapar. (19.09.1669)[2]

Avrupa Parlamentosu "Türkiye'ye adanın askersizleştirilmesini sağlamak amacıyla Kıbrıs'tan askeri güçleri çekmesi için pratik adımlar atması çağrısında bulunur." (17.09.1998)[3]

Avrupa Parlamentosu "Türk yetkililerinin Kıbrıs konusunda ilgili BM kararlarının kabulü ve uygulaması temelinde ve (Kıbrıs'ın) Avrupa Birliği'ne katılması konusundaki görüşmelerin kesintisiz bir biçimde sürdürülmesinden bağımsız olarak, siyasi bir çözüm bulunmasına bir kez daha aktif bir biçimde katkıda bulunmasını ister." (06.10.1994)[4]

---

1 European Parliament, **Resolution on the situation in Turkey and the offer of a ceasefire made by PKK** (B4-0060, 0076, 0086 and 0089/96), 18.01.1996.

2 European Parliament, **Resolution on the political situation in Turkey** (B4-0986, 0987, 0989, 0990/96 and B4-0991/96), 19.09.1996.

3 European Parliament, **Resolution on the Commission Reports on developments in relations with Turkey since the entry info force of the Customs Union** (COM(96)0491-C4-0605/96 and COM(98)0147-C4-0217/98), 17.09.1998.

4 European Parliament, **State of relations between Turkey and the European Union** (B5-0120, 0124, 0129 and 0140/1999),

Avrupa Parlamentosu Genişleme Çalışma Grubu tarafından 2000 yılında hazırlanan "Türkiye ve Avrupa Biriliği ile ilişkiler" raporunda bu konuda şöyle denilmektedir:

"**Türkiye, Kıbrıs Cumhuriyeti topraklarının yüzde 37'sini yasadışı bir biçimde işgal etmektedir.** Genişleme sureci 31 Mart 1998 tarihinde başlatılmıştır ve 10 Kasım tarihinde de aralarında Kıbrıs'ın da bulunduğu ilk ülke grubu ile katılma görüşmeleri başlamıştır. **Üyelik, adanın tümünü kapsamalı** ve adayı bölen anlaşmazlığa barışçıl bir çözümün bulunması sürecini hızlandırmalıdır." (10.02.2000)[1]

Avrupa Parlamentosu **Türk Hükümeti**'ne, Kuzey Kıbrıs'taki işgal güçlerini geri çekme çağrısında bulunur." (15.11.2000)[2]

Avrupa Parlamentosu kararı şöyledir: "Kıbrıs sorununa kapsamlı ve tatmin edici bir çözüm aramada süren tıkanıklık, sürmekte olan çabaları zayıflatarak genişleme sürecini ciddi bir biçimde aksatacak niteliktedir..." Avrupa Parlamentosu, "Kıbrıs konusundaki raportörü Bay Jacques Poos'a Türk Dışişleri Bakanlığı tarafından yöneltilen eleştirileri sert biçimde reddetmektedir." (25.10.2001)[3]

06.10.1999.

1 European Parliament Secretariat Working Party Task-Force "Enlargement", **Turkey and Relations with the European Union,** Briefing No.7, PE 167.407/rev.3, Luxembourg, 10 Feb.2000.

2 European Parliament, European Parliament resolution on the 1999 Regular Report from the Commission on Turkey's progress towards accession (COM(1999) 513 - C5 - 0036/2000 -2000/2014 (COS)), 15.11.2000.

3 European Parliament, Turkey's progress towards accession (2000) European Parliament resolution on the 2000 Regular Report from the Commission on Turkey's progress towards accession (COM(2000) 713- C5 - 0613/2000 - 2000/2014 (COS)), 25.10.2001.

(2) Ermeni Soykırımı İddiaları

Avrupa Parlamentosu 1980'li yıllardan beri **1915-1917 olaylarını** Birleşmiş Milletler'in 9 Aralık 1948 tarihli kararındaki "soykırım" tanımına uygun görerek **"soykırım" olarak ilan etti ve Türk Hükümetinin bunu Kabul etmesini istedi**; Türkiye'nin bu olguyu reddetmesinin Avrupa Birliği üyeliğinin kesin engeli olduğunu açıkladı.[1]

Avrupa Parlamentosu, "Türk Hükümetine ve Türkiye Büyük Millet Meclisi'ne, özellikle modern Türkiye devletinin kurulması öncesinde **Ermeni azınlığın maruz kaldığı soykırımın kamuoyu önünde kabulü** ile, Türk toplumunun önemli bir parçasını oluşturan Ermeni azınlığa taze bir destek vermesi çağrısında bulunur." (15.11.2000)[2]

(3) Azınlıklar Sorunu - Bölücülük

Avrupa Birliği, farklı etnik kökenlerden oluşan Türk ulusunu etkin kökenlere göre bölme ve parçalama çabası içindedir. "İnsan hakları" ve "demokrasi" adına yapılan bu girişim, terör örgütlerini teşvik etme ve destekleme noktasına kadar gelmiştir. Aralarında Avrupa Birliği ülkelerinin de bulunduğu ülkelerce imzalanan Lozan antlaşmasında Türkiye'de yalnızca Ermeni, Rum ve Musevilerin "azınlık" olduğu açıkça belirtilmekle birlikte, Avrupa Birliği, Türk ulusunu oluşturan çeşitli etnisiteleri "azınlık başlığı" altında değerlendirmekte ve bölücülere destek vermektedir. Avrupa Parlamentosu'nun cüretkarlığı, güneydoğu Anadolu'da "Kürdistan" diyebilecek kadar fazladır.

---

1 Grosser, A., **Le Crime et la Memoire,** Flammarion, s.202, Paris, 1989, aktaran Timur, Taner, **1915 ve Sonrası, Türkler ve Ermeniler** (2. Baskı), İmge Yay., Ankara, 2001, s.20.

2 European Parliament, **European Parliament resolution on the 1999 Regular Report from the Commission on Turkey's progress towards accession** (COM(1996) 513 -C5 - 0036/2000 - 2000/2014 (COS)), 15.11.2000.

Avrupa Birliği, devlet yetkililerinin merkezi idareden mahalli idarelere devrini savunmakta ve bu amaçla mahalli idareler reformu yasa tasarısının kabulünü istemektedir: "Merkezi idarenin mahalli yönetim üzerindeki denetimi güçlü olmaya devam etmektedir. Daha öte bir ademimerkeziyetçiliği amaçlayan ve halen bakanlıklar arasında görüşülmekte olan mahalli yönetime ilişkin yasa taslağının kabul edilmesi beklenmektedir." (8.11.2000)[1]

Avrupa Toplulukları Ekonomik ve Sosyal Komitesi'nin bu konudaki görüşü şöyledir:

"Türk Devleti'nin bütünlüğü, yalnızca Kürtlerin kendi dillerini kullanma ve öğrenme hakkıyla ve gelenek ve göreneklerini varlığını sürdürmesiyle, fakat aynı zamanda **uygun düzeylerde idari özerklikle** de uyumlu olabilmelidir." (22 Aralık 1993)[2]

Avrupa Parlamentosu, "Türk Hükümetine, PKK'ya ve diğer Kürt örgütlerine, Kürt konusuna şiddete dayanmayan ve siyasi bir çözüm bulmaları için ellerinden gelen tüm çabayı göstermeleri için çağrıda bulunur; PKK'ya şiddetten kaçınması çağrısını yapar; Türk Hükümetine ve Büyük Millet Meclisine, güneydoğu bölgesindeki sokağa çıkma yasağının kaldırılması ve Kürt kökenli vatandaşların, Türkiye'nin toprak bütünlüğünün garanti edildiği ve buna saygı gösterildiği güvencesiyle, kendi kültürel kimliklerini açıklamalarına izin verecek yol ve araçları düşünmesi çağrısını yapar." (13.12.1995)[3]

---

1 Commission of the European Communities, **Turkey 2000, 2000 Regular Report from the Commission on Turkey's Progress Towards Accession,** 8 November 2000, s.12.

2 Economic and Social Committee of the European Communities, Opinion, Relations Between the European Union and Turkey, CES 1314/93, Brüksel, 22 December 1993, s. 3.

3 European Parliament, **Resolution on the human rights situation in Turkey** (B4-1530/rev., 1534 and 1559/95), 13.12.1995.

Avrupa Parlamentosu, "Türk vatandaşlarının Türkiye içinde bir tür kültürel özerklik için barışçıl yollardan çaba gösterme haklarını tanır." (18.01.1996)[1]

Avrupa Parlamentosu, "PKK Başkanı tarafından tek taraflı olarak ateşkes ilan edilmesini memnuniyetle karşılar ve bunu 13 Aralık 1995 tarihli çağrısına ilk olumlu adım olarak değerlendirir; Türk Hükümetinin bu davranışını soruna barışçıl bir çözüm bulma doğrultusunda olumlu bir katkı olarak göreceğini umut ettiğini açıklar ve Türkiye'de tüm ilgililere, bu fırsattan yararlanarak güneydoğu bölgesindeki sorunların şiddete dayanmayan ve siyasal bir çözüm bulma amacıyla ulusal düzeyde bir diyaloğu başlatmanın yol ve araçlarını düşünmeleri için çağrıda bulunur." (18.01.1996)[2]

Avrupa Parlamentosu, "Türk Silahlı Kuvvetleri'nin Türkiye'nin Doğusunda son zamanlarda gerçekleşen askeri operasyonlardan ve PKK tarafından 15 Aralık 1995 tarihinde ateşkes ilan edilmiş olmasına rağmen barışçıl bir çözüm sağlama çabalarını reddetmesinden büyük kaygı duymaktadır." (20.06.1996)[3]

Avrupa Parlamentosu, "Yeni hükümetten, düşüncelerini özgürce açıklama ve insan hakları ilkeleri ile çelişen yasalara göre suç işledikleri için hüküm giymiş olan mahkumların serbest bırakılmasını sağlayacak biçimde düzenlenmiş bir **genel af ilan etmesini** ve halen yargılanmakta olanlar aleyhindeki davaların sona erdirilmesini talep eder ve özellikle Bayan Leyla Zana ile DEP'in diğer üç üyesinin der-

---

1 European Parliament, Resolution on the situation in Turkey and the offer of a ceasefire made by the PKK (B4-0060, 0076, 0086 and 0089/96), 18.01.1996.

2 European Parliament, **Resolution on the situation in Turkey and the offer of a ceasefire made by the PKK** (B4-0060, 0076, 0086 and 0089/96), 18.01.1996.

3 European Parliament, Resolution on the human rights and the situation in Turkey (B4-0769, 0797, 0820 and 0828/96), 20.06.1996.

hal serbest bırakılması çağrısını yineler." (20.06.1996)[1]

Avrupa Parlamentosu, "çıkmazı aşmak ve sorunun barışçıl biçimde siyasi bir çözüme doğru gidebilmesi için, **ülkenin güney doğusundaki askeri operasyonları durdurması ve tüm Kürt örgütlerle görüşmelere başlaması için Türk Hükümetine çağrıda bulunur.**" (20.06.1996)[2]

Avrupa Parlamentosu, "Türk Silahlı Kuvvetleri'nin Türkiye'nin doğusunda kısa bir süre önce sürdürdüğü askeri operasyonlardan ve Kürdistan'daki anlaşmazlığa barışçıl bir çözüm bulma yollarını aramayı reddetmesinden büyük kaygı duymaktadır." (19.09.1996)[3]

Avrupa Parlamentosu, "**Türkiye'nin kuzey Irak'ta bir güvenlik bölgesi yaratma niyetini mümkün olan en sert terimlerle reddeder** ve bu girişimi ciddi bir uluslararası hukuk ihlali olarak değerlendirir ve Türkiye'yi bu plandan vazgeçmeye ikna etmesi için AB Konseyi'ne çağrıda bulunur." (19.09.1996)[4]

"İtalyan vatandaşı olan Dino Frisullo 21 Mart 1998 günü Diyarbakır'da Kürt Yeni Yılı ("Nevroz") kutlamalarına katıldığı ve Kürt halkının temel haklarını desteklemek için gösteri yaptığı için tutuklanmıştır... Avrupa Parlamentosu, (1) Türk yetkililerine İtalyan vatandaşı Dino Frisullo'yu derhal serbest bırakmaları çağrısında bulunur ve bu doğrultuda İtalyan Hükümeti tarafından yapılan talebi

---

1 European Parliament, Resolution on the human rights situation in Turkey (B4-0769, 0797, 0820 and 0828/96), 20.06.1996.

2 European Parliament, Resolution on the human rights situation in Turkey (B4-0769, 0797, 0820 and 0828/96). 20.06.1996.

3 European Parliament, Resolution on the political situation in Turkey (B4-0986, 0987, 0988, 0989, 0990/96 and B4-0991/96), 19.09.1996.

4 European Parliament, **Resolution on the political situation in Turkey** (B4-0986, 0987, 0988, 0989, 0990/96 and B4-0991/96), 19.09.1996.

destekler; (2) Barışçıl "nevroz" kutlamaları sırasında Türk güvenlik güçlerinin davranışlarını kınar." (02.04.1998)[1]

Avrupa Parlamentosu "Güneydoğu'daki çelişkinin çözümünün yalnızca siyasal olarak sağlanabileceği görüşünü yeniden vurgular ve Kürt kimliğinin yasal olarak tanınmasını sağlamayı amaçlayan önerileri ve taraflar arasında diyaloğu ve görüşmeleri teşvik edecek ulusal ve uluslararası girişimleri destekler; ateşkese duyulan ihtiyaca işaret eder ve Türk yetkililerinin, Kürt sorununa görüşmeler yoluyla sağlanacak barışçıl bir çözüm aramaları için çağrıda bulunur." (17.09.1998)[2]

Avrupa Parlamentosu, "**Türk yetkililerinden, Türkiye'deki tüm Kürtlerin haklarını tanımalarını** ve yerleri değiştirilen tüm Kürtlerin evlerine dönmelerinin kolaylaştırılmasını ister." (20.06.1996)[3]

Avrupa Parlamentosu, "Kuzey Irak'ın işgalini lanetler ve PKK terörizmiyle başetme ihtiyacının uluslararası sınırların ihlal edilmesini haklı kılmadığını düşünür." (17.09.1998)[4]

Avrupa Parlamentosu "(1) Bay Öcalan'a verilen cezayı lanetler ve ölüm cezasının kullanılmasına kesin muhalefetini tek-

---

1 European Parliament, Resolution on the arrest and detention of the Italian citizen Dino Frisullo in Turkey (B4-0409, 0411, 0412 and 0420/98), 02.04.1998.

2 European Parliament, Resolution on the Commission Reports on developments in relations with Turkey since the entry into force of the Customs Union (COM(96)0491-C4-0605/96 and COM (98)0147-C4-0217/98, 17.09.1998.

3 European Parliament, Resolution on the human rights and the situation in Turkey (B4-0769, 0797, 0820 and 0828/96), 20.06.1996.

4 European Parliament, **Resolution on the Commission Reports on developments in relations with Turkey since the entry info force of the Customs Union** (COM(96)0491-C4-0605/96 and COM(98)0147-C4-0217/98), 17.09.1998.

rarlar; ...(8) Türkiye'ye, Avrupa İnsan Hakları Mahkemesi tarafından Bay Öcalan hakkında verilen karar konusunda alacağı herhangi bir karara uyması çağrısında bulunur; (9) **Bay Öcalan'ın idam edilmesinin** Avrupa'da güvenlik ve istikrar açısından önemli etkilerinin olacağına ve **Türkiye'nin Avrupa Birliği'ne bütünleşme sürecine zarar vereceğine inanır; (10) Kürt halkının siyasal, sosyal ve kültürel haklarını tanıyan bir çözüm bularak Türkiye'deki anlaşmazlığın nedenlerine çözüm bulması** konusunda Türk Hükümeti'ne çağrıda bulunur ve bu bağlamda gerekli demokratik reformların uygulanması gerektiği görüşünü benimser; ...(12) Konsey'e ve Üye Devletlere, Türkiye'de Kürt sorununa siyasi bir çözümün uygulanabilmesinde yardımcı olmak için gerekli tüm önlemleri almaları çağrısını yineler." (22.7.1999)[1]

Avrupa Parlamentosu, "(9) Türkiye'deki Kürt sorununa bir çözüm bulma konusunda Türk Hükümeti'nin çabalarının Türkiye'de demokrasi, insan hakları ve azınlık hakları için önemli sonuçları olacağına ve Türkiye'yi Kopenhag kriterlerini yerine getirmeye önemli ölçüde yakınlaştıracağına inanmaktadır ve Kürt toplumuna da davasını barışçıl araçlarla sürdürmesi çağrısını yapar. (10) Bu çerçevede Türk yetkililerine bir kez daha Bay Öcalan hakkında verilen ölüm cezasını yerine getirmeme çağrısını yapar ve ayrıca Türk Büyük Millet Meclisi'nden idam cezaları konusunda mevcut fiili uygulamayı yapmama durumunu Türkiye'de ölüm cezasının resmen kaldırılmasına dönüştürmesini ister." (6.10.1999)[2]

Avrupa Parlamentosu Genişleme Grubu tarafından 2000 yılı başlarında hazırlanan "Türkiye ve Avrupa Birliği ile İlişkiler" raporunda şöyle denilmektedir:

---

1 European Parliament, **Resolution on the death sentence on Mr Öcalan and the future of the Kurdish question in Turkey** (B5-0006, 0012, 0018, 0023 and 0026/99), 22.7.1999.

2 European Parliament, **State of relations between Turkey and the European Union** (B5-0120, 0124, 0129 and 0140/1999), 06.10.1996.

"1998 yılının başında Kürt sığınmacıların, bazı AB ülkelerine gelmesi sonrasında, **AB Kurumları Türk Hükümetinden Kürt halkına uyguladığı baskılara siyasi bir çözüm bulmasını istedi**; Türkiye'den, kuzey Irak'taki askeri operasyonlarını durdurması istendi. (Avrupa) Parlamentosu, 15 Ocak 1998 tarihli kararıyla, bu sorunun çözümü için uluslararası düzeyde girişimde bulunması için Avrupa Birliği'ne çağrıda bulundu ve Konsey'e ve Üye Devletlere de Kürtlere karşı insan hakları ihlalleri sorununu Birleşmiş Milletler İnsan Hakları Komisyonu'nda gündeme getirmeleri çağrısını yaptı." (10.02.2000)[1]

Avrupa Parlamentosu, "Türkiye'nin Avrupa Birliği'ne üyeliği görüşüyle bir plan doğrultusunda Kopenhag kriterlerini yerine getirecekse, Kürt sorununun çözüme kavuşturulmasının hayati önemde olduğunu vurguladı." (10.02.2000)[2]

Avrupa Parlamentosu "Türk yetkililerine, Kürt toplumun siyasi temsilcileriyle, özellikle de ülkenin güneydoğusundaki kentlerin belediye başkanlarıyla, diyaloğa girmeleri çağrısında bulunur." (15.11.2000)[3]

Avrupa Parlamentosu "Avrupa Parlamentosu Sakharov Ödülü sahibi Leyla Zana'nın ve düşünceleri nedeniyle hapse atılmış olan Kürt kökenli eski milletvekillerinin serbest bırakılmasını talep eder."

---

1 European Parliament, Secretariat Working Party Task-Force "Enlargement", **Turkey and Relations with the European Union,** Briefing No.7, PE 167.407/rev.3, Luxembourg, 10 Feb. 2000.

2 European Parliament, Secretariat Working Party Task-Force "Enlargement", **Turkey and Relations with the European Union,** Briefing No.7, PE 167.407/rev.3, Luxembourg, 10 Feb. 2000.

3 European Parliament, **European Parliament resolution on the 1999 Regular Report from the Commission on Turkey's progress towards accession** (Com(1999) 513 - C5-0036/200-2000/2014 (COS)), 15.11.2000.

(15.11.2000)[1]

Avrupa Komisyonu Genişlemeden Sorumlu Genel Müdürlüğü Türkiye Masası Şefi Alain Servantie 20 Kasım 2000 tarihinde Avrupa Komisyonu Başkanı Romano Prodi adına PKK Başkanlık Konseyi'ne bir mektup gönderdi ve Avrupa Komisyonu'nun azınlıklar politikasını anlattı. Mektubu, PKK'ya "derin saygılarını" sunarak bitirdi.[2]

(4) Ege Sorunu

Avrupa Birliği, Ege sorununda Yunanistan'ın tezlerini desteklemekte ve Türkiye'yi tehdit etmektedir.

Avrupa Parlamentosu, "Doğu Ege'de Kardak adası ile ilgili olarak Türkiye'nin provokatif askeri operasyonlarından kaygı duymaktadır... Kardak adası, 1923 yılındaki Lozan Antlaşması, 1932 yılında İtalya ve Türkiye arasındaki Protokol ve 1947 Paris Antlaşmasına göre Oniki Ada adalar grubuna dahildir ve 1960'lı yıllardaki Türk haritaları bile bu adaları Yunan toprağı olarak göstermektedir." (15.02.1996)[3]

Avrupa Parlamentosu, "(1) Türkiye'nin Avrupa Birliği'nin bir Üye Devleti olan Yunanistan'ın egemenlik haklarını tehlikeli bir biçimde ihlal etmesinden ve (2) Ege'deki askeri gerginliğin artmasından ciddi biçimde kaygı duymaktadır; ..., (3) **Yunanistan'ın sınırlarının**

---

[1] European Parliament, **European Parliament resolution on the 1999 Regular Report from the Commission on Turkey's progress towards accession** (Com(1999) 513 – C5-0036/200-2000/2014 (COS)), 15.11.2000.

[2] **Milliyet ve Radikal,** 2.12.2000.

[3] European Parliament, **Contestation of sovereign rights of a Member State (situation in the Aegean Sea), Resolution on the provocative action and contestation of sovereign rights by Turkey against a Member State of the Union** (B4-0146, 0154, 0164, 0245, 0249 and 0254/96), 15.02.1996.

aynı zamanda Avrupa Birliği'nin dış sınırlarının parçası olduğunu vurgular." (15.02.1996)[1]

Avrupa Parlamentosu, "Türkiye'den Ege'deki, özellikle Kardak Adasına ve kıta sahanlığının sınırlarının belirlenmesine ilişkin olarak, farklılıkların giderilmesine çalışılmasında uluslararası hukuk ilkelerine saygı gösterilmesini" istemektedir. (17.09.1998)[2]

(5) Patrikhane

Avrupa Parlamentosu, Eyüp Kaymakamlığına bağlı Fener Rum Patrikhanesi'ne evrensel bir nitelik kazandırılmasını talep etmektedir.

Avrupa Parlamentosu'nun 24 Ekim 1996 tarihli bir kararında İstanbul yerine iki yerde, Bizans İmparatorluğu dönemindeki adıyla "Konstantinopolis" sözcüğü kullanılmakta ve Patrikhane'nin ekümenik (evrensel) olduğu çeşitli yerlerde ilan edilmektedir. İlgili kararın bir bölümü şöyledir:

Avrupa Parlamentosu, "dünyanın her tarafındaki milyonlarca Ortodoks Hristiyan için **Konstantinopolis'teki Patrikhane'nin** önemini gözönünde bulundurarak, ...Türk yetkililerinin Ekümenik Patrikhanenin tam olarak korunması konusundaki yükümlülüklerinin farkında olarak, ...Ekümenik Patrikhanenin ve diğer dinsel yerlerin binalarının korunması için gerekli önlemleri alması için Türk yetkilile-

---

1 European Parliament, **Contestation of sovereign rights of a Member State (situation in the Aegean Sea), Resolution on the provocative action and contestation of sovereign rights by Turkey against a Member State of the Union** (B4-0146, 0154, 0164, 0245, 0249 and 0254/96), 15.02.1996.

2 European Parliament, **Resolution on the Commission Reports on developments in relations with Turkey since the entry into force of the Customs Union** (COM(96)0491-C4-0605/96 and COM(98)0147-C4-0217/98), 17.09.0998.

rine çağrıda bulunur." (24.10.1996)[1]

(6) Heybeliada Ruhban Okulu'nun Yeniden Faaliyete Geçirilmesi

Avrupa Parlamentosu, "Grek yayılmacılığının Harp Okulu" olan Heybeliada Ruhban Okulu'nun[2] tekrar açılmasını istemektedir.

Avrupa Parlamentosu, "Patrikhane'ye doğrudan bağlı olan Heybeliada Ruhban Okulu'nun derhal yeniden açılması çağrısında bulunur." (24.10.1996)[3]

---

1 European Parliament, **Resolution on violations of religious freodem in Turkey** (BA1132, 1134, 1156, 1163 and 1179/96), 24.10.1996.

2 İlhan, Suat, **Avrupa Birliğine Neden Hayır, Jeopolitik Yaklaşım,** İstanbul, 2000, s. 126.
Bu konunun önemi, Avrupa Birliği'nin bu konuya verdiği önemde de ortaya çıkmaktadır. Tüm Ortodoks Patrikhanesi Basın Sözcüsü Sevgi Erenerol, Ulusal Kanal'da kendisiyle yapılan görüşmede, bu okul konusunda şunları söylemektedir: "Heybeliada Ruhban Okulu hiçbir zaman kapanmadı. Sadece .... 'yüksek okullar özel olamaz, devletleştirilmeli' dendi. Özellikle dini okullar için geçerliydi bu yasa. Burada Fener Rum Patrikhanesi'ne bir teklif yapıldı. Siz bugün eğitiminizi bizim ilahiyat fakültelerimizden birisine bağlı olarak devam ettirin, denildi. Fakat onların amacı dini eğitim yapmak değil. Tamamiyle siyasi bir mekanizmanın bir kolunu oluşturmuşlardır. Ruhban Okulu, Patrikhane'ye ekümenik patrik statüsünü kazandırmak için gerekli. Bu uğurda Cumhuriyet yasalarına uymadılar. Ruhban Okulu'nun bir üniversiteye bağlanmasını kabul etmediler, açık bıraktılar. 71'den 72'ye kadar bir yıl eğitim yapıldı. Daha sonra Patrikhane, öğrenci bulamadığı için hükümete "biz bu okulu kapatacağız" diye başvurdu. Türk Hükümeti bunu doğru bulmadığı için okulun kapanmasını kabul etmedi." Aydınlık, 9.12.2000, s.17.

3 European Parliament, **Resolution on violations of religious freodom in Turkey** (BA-1132, 1134, 1156, 1163 and 1179/96). 24.10.1996.

Avrupa Komisyonu 2000 yılına ilişkin İlerleme Raporu'nda "Heybeliada'daki Ruhban Okulu'nun kapalı kalması konusu da dahil olmak üzere, 1923 Lozan Antlaşması kapsamında olsunlar olmasınlar, Müslüman olmayan tüm kesimlerin somut taleplerinin gerektiği gibi incelenmesi gerektiğini" belirtmektedir. (8.11.2000)[1]

Avrupa Komisyonu, bu konuda Türkiye'yi şöyle eleştirmektedir:

"Ancak Hristiyan kiliseleri, özellikle mülkiyetle ilgili olarak, zorluklarla karşı karşıya bulunmaya devam etmektedir. Heybeliada' daki Ortodoks Ruhban Okulu'nun 1971 yılında kapatılması konusunda bir ilerleme bildirilememiştir. Çeşitli kiliselerin yasal statülerinin tanınmamış olması, dini personelin Türkiye'ye erişebilmesi de dahil olmak üzere, bazı kısıtlar yaratmaktadır." (13.11.2001)[2]

---

1 Commission of the European Communities, **Turkey 2000, 2000 Regular Report from the Commission on Turkey's Progress Towards Accession,** 8 November 2000, s. 18.

2 Commission of the European Communities, **Turkey 2000, 2000 Regular Report from the Commission on Turkey's Progress Towards Accession,** 8 November 2000, s. 18.

Sonuç

Üyelik görüşmelerine başlamak için bu talepleri öne süren, bu talepler yerine getirildiğinde üyelik görüşmelerinin başlaması konusunda garanti vermeyen, tam üyelik konusunu daha uzun yıllar gündeme almayacağını açıklayan bir Avrupa Birliği, Türkiye'ye dostça mı yaklaşmaktadır? Avrupa Birliği'ni yalnızca insan hakları ve demokrasi konusundaki talepleriyle ele alanlar, ulusal çıkarlarımızla ve ayrıca özel olarak çalışanların çıkarlarıyla taban tabana zıt olan yukarıdaki talepleri bilmemekte midir, yoksa bilip de çeşitli nedenlerle susmakta mıdır?

Türk İş'in "Avrupa Birliği Türkiye'den Ne İstiyor?" başlığını taşıyan raporu kamuoyunda büyük yankılar uyandırmıştır. İlk defa bir işçi sendikası, Türkiye - AB ilişkilerindeki dengesizliği ortaya koymuş oluyordu.

On Birinci Bölüm

1992-2002 Dönemi Kıbrıs ve Türkiye - AB İlişkileri

Soğuk savasın sona ermesi ve AB'nin Avrupa Birleşik Devletleri'ni gerçekleştirmek için 1990'da Maastricht Zirvesi'nde başlattığı süreç 2000'li yıllarda da AB tarafından devam ettirilmiştir.

AB'nin Türkiye politikası, Brüksel'in Kıbrıs politikasını da belirleyen temel unsur olmuştur.

- Soğuk Savaş sonrasında Kıta Avrupa'sı, yeni Avrupa Birleşik Devletleri'nin temellerini atarken "Türkiye'yi Avrupa Birleşik Devletleri'ne dahil etmeme" kararını vermişti. Türkiye AB'nin içine alınmayacak ancak dışlanmayacaktı da; AB'nin arka bahçesi olarak, AB'ye tek taraflı bağlanacaktı.

Türkiye'nin Avrupa Birleşik Devletleri'ne dahil edilmesinin siyasi, iktisadi, kültürel ve askeri bir mantığı kalmamıştı. Kendi içinde bile fazlasıyla heterojen bir yapıda bulunan Avrupa, bir de Müslüman ve büyük cüsseli Türkiye'yi dahil ederek mevcut dengeleri büsbütün bozamazdı.

- Avrupa'nın bu bakışına yeşil ışık zaten 1989'da Turgut Özal tarafından yakılmıştı. 1989'da Avrupa, Türkiye'nin 1987'de yaptığı tam üyelik başvurusunu sonuçlandırmış "hayır olmaz" demişti. Turgut Özal hiç beklemeden, bir gün içinde, "Brüksel Türkiye'yi tam üye yapmasa da Gümrük Birliği'ne gireceğiz" demişti.

Avrupa için artık, Türkiye'yi içeri almadan, tek yanlı bağlama olanağı doğmuştu. Türkiye AT'ye (AB'ye) tek yanlı bağlanabilecekti. Hem de AB için sıfır maliyetle. Turgut Özal bu yapılanmayı kabul ettiğini açıklamıştı bile.

- 1990-1991 Körfez Krizi'nden sonra ABD (ve İngiltere) Kıta Avrupası'nın büyük devletlerine, "Akdeniz sizin etki alanınıza bırakılmıştır" sinyallerini vermişti. Soğuk Savaş sonrası Kıta Avrupası'nın öncülüğünde Avrupa Birleşik Devletleri oluşturulurken AB Maastricht'le birlikte, Akdeniz ve Kuzey Afrika ülkelerinin de AB'nin ilgi ve etki alanı içinde bulunması gereken bölgeler olarak belirledi.

- İşte bu bağlamda, Kıbrıs adası özel bir önem taşıyordu. Almanya ve Fransa, gelecekte Avrupa Ordusu'nu (AGSP) kurarken, bu stratejik adaya da yerleşmek istiyorlardı. Kıbrıs adası AB'nin içine alınmalı idi.

Ancak, Türkiye Avrupa Birleşik Devletleri'nin içine alınmayacağına göre adada Türk Ordusu'nun ve bağımsız bir Türk Devleti'nin bulunmaması gerekiyordu. AB, soğuk savaş sonrasında Türkiye'yi AB içine almak yönünde bir tercih yapmış olsaydı Türkiye'nin askerinin ve adada bağımsız bir Türk Devleti'nin (KKTC) bulunmasının hiçbir sakıncası olmayacaktı.

Türkiye AB'nin içine alınmayacağı için "adanın da dışına itilmeli idi".

AB 1992'den başlayarak yeni bir Kıbrıs politikası ortaya koydu. Gelişmeler söyle oldu;

1) 1992 yılında AB, Güney Kıbrıs Rum Yönetimi'nin (GKRY) daha önce yaptığı tam üyelik başvurusunu gözönüne alacağını ve işleme koyacağını açıklıyordu. Halbuki bu başvuru yıllar önce yapıldığında Ankara ve KKTC'nin, "başvurunun uluslararası anlaşmalara aykırılığını öne sürerek tepki göstermeleri karşısında, işleme koymamıştı"; tepkileri haklı bulmuştu.

Şimdi neden işleme koyuyordu?

- Türkiye, Avrupa Birleşik Devletleri'ne alınmayacaktı; Kıbrıs'ın bütününün, "Türkiye'den koparılarak AB'ye (ve Yunanistan'a) ilhakı" gerekiyordu.

- AB 1992'de Kıbrıs uyuşmazlığına dahil olup Rum başvurusunu işleme koyacağını açıkladığı zaman Birleşmiş Milletler Genel Sekreteri Perez de Cuellar büyük tepki gösteriyor ve AB'nin tutumunun yanlış olduğunu söylüyordu. "sorunu çözme zaten zordu, şimdi çok daha zor ve karmaşık hale geldi" diye açıklama yapıyordu.

- AB 1992'de ayrıca, Güney Kıbrıs Rum Yönetimi'nin durumunu nihai olarak, 1994 sonundaki AB Doruğu'nda görüşmeye başlayacağını da açıklıyordu. Bu tarih, Türkiye-AB Gümrük Birliği görüşmelerinin sonuçlandırılacağı tarihti.

Böylelikle AB, Kıbrıs politikasını, Brüksel'in Türkiye politikasına entegre etmek amacını güdüyordu. Bundan sonraki bütün gelişmelerde AB, "Türkiye'yi tek yanlı sıkıştırma ve bağlama politikasının bir parçası olarak", Kıbrıs uyuşmazlığını istediği biçimde çözmek istiyordu. Bu politika adanın, "AB'ye (ve Yunanistan'a) ilhakı" anlamına gelmekte idi.

AB kendi iç raporlarında, bu düşüncesini yazıya da dökmüştü;

- Sir Leon Brittan'ın Türkiye raporlarında,

- Kasım 1995 AB Komisyonu'nun Avrupa Parlamentosu'na hitaben yazdığı Türkiye raporunda, şu şekilde ifade edilmiştir; "Türkiye Gümrük Birliği'ne sokulunca, Kıbrıs uyuşmazlığı Brüksel'in yaklaşımı doğrultusunda çözülebilecektir".

Açık olarak, "Gümrük Birliği içinde tek taraflı sıkıştırılmış Türkiye, Brüksel'in baskılarına boyun eğmek zorunda kalacaktır" denmek isteniyor.

2) 1994 yılının sonunda Atina, "Türkiye 'yi tek yanlı bağlayan Gümrük Birliğini bile" veto ederek, Gümrük Birliği üzerinden Türkiye'nin iki defa zarar görmesini gerçekleştiriyordu;

- Bir taraftan Türkiye, hiçbir ülkenin imzalamadığı biçimde bir anlaşma ile AB'ye tek taraflı bağlanıyordu,

- Gümrük Birliği'nin gerçekleşmesi için de, AB'nin 24 Şubat 1995'te "Başkanlık Bildirgesi" adı altında AB'nin Kıbrıs (GKRY) ile tam üyelik görüşmelerine başlama kararının, önünü açmış oluyordu.

AB, 24 Şubat Bildirgesi'ne dayanacak, 22-24 Haziran 1995'te tam üyelik görüşmelerini başlatıyordu.

AB'nin Soğuk Savaş sonrası "Türkiye'yi dışarıda tutarak tek taraflı bağlama politikası" ile, AB'nin 1992'de başlatılan yeni Kıbrıs politikası birleştirilmiş oluyordu.

3) AB 1995-1998 arasında Kıbrıs (GKRY) ile tam üyelik görüşmeleri sürdürürken Türkiye'ye sürekli olarak şu güvence veriliyordu; "Kıbrıs'ta çözüm sağlanmadan Kıbrıs AB'ye tam üye yapılmayacaktır".

Ancak 1999'da Türkiye'nin AB'ye göstermelik adaylığından sonra AB'nin politikası değişti. Özellikle de Nice doruğu'ndan sonra Brüksel, "çözüm olmasa da GKRY (Kıbrıs) AB'ye alınacaktır" biçimine yavaş yavaş dönüştürüldü. 2002 yılında da açık olarak Verheugen tarafından sürekli bir biçimde kamuoyuna açıklanmaya başlandı.

2000 yılı sonunda Türkiye ile AB arasıda kabul edilen Katılım Ortaklığı Belgesi'ne (KOB), Kıbrıs ve Ege koşulları dahil edildi. Türkiye içinde, "AB'ye tek yanlı bağımlılığı yürüten bazı iş çevreleri, bazı siyasiler ve bürokratik çevreler" 1999 yılında Helsinki doruğu sırasında olduğu gibi, 2000 yılı sonunda KOB'nin kabulü sırasında da baskı yaparak ödün verdirmişlerdir. Türk kamuoyuna da yanlış ve eksik bilgilendirmeler yapıldı.

- Türkiye bir taraftan AB'ye tek yanlı bağımlı hale getirilirken,

- öte yanda da Kıbrıs ve Ege meseleleri, AB'nin ve Atina'nın talepleri doğrultusunda, "Türkiye-AB ilişkilerinde endekslenmiştir".

1989 ve 1992 iki kritik tarihtir. Turgut Özal'ın 1989'daki açıklaması ve 1992'de AB'nin yeni Kıbrıs politikası.

Bunu, Türkiye'yi AB'ye tek yanlı bağlayan 6 Mart 1995 belgesi izledi. 1999 göstermelik adaylık ve 2000 sonundaki KOB Türkiye'yi iyice köşeye sıkıştırmıştır.

2001 yılının sonunda KKTC Cumhurbaşkanı Rauf Denktaş Rum Yönetimi lideri Klerides ile yüzyüze ikili görüşmeleri önermiş ve 2002 yılı ortalarına kadar devam etmiştir.

- Türk tarafı ayrı egemenlik çatısı altında ve Türkiye'nin güvenliği altında, "eş-zamanlı katılım koşulu ile" Birleşik Kıbrıs Devleti formülünü önermiştir. Ayrı egemenlik, Türkiye'nin güvencesinin ve garantörlüğünün devamı ve "eş-zamanlı katılım" formülün en önemli unsurlarıdır.

- Rum tarafı ve Atina ise AB'nin de desteklediği, "Kıbrıs Cumhuriyeti içinde azınlık haklarına sahip bir cemaat (community) esasına dayalı" bir yaklaşım içinde olmuşlardır. Bu formül, "Türkiye'nin AB dışında ancak AB'ye tek yanlı bağımlı bir statüde tutulduğu" modelin Kıbrıs'a da uzatılması anlamına gelmektedir.

Kısacası, Kıbrıs'ın AB'ye (ve Yunanistan'a) ilhakı sonucunu doğuracak bir formüldür. AB çevreleri "Türkiye'nin sıkıştırıldığı ve AB'ye tek taraflı bağlanma süreci içine sokulmakta olduğu bir ortamda", bu sonucun alınabileceğini düşünebilmektedirler.

Ancak Türkiye'de, AB'nin tek yanlı dayatmalarına karşı "ulusalcı cephe" özellikle 2000'den itibaren gücünü ve etkisini arttırmaya başlamıştır. AB'nin dayatmaları içinde Kıbrıs, salamın ilk dilimi özelliğini taşıyor. TSK da bu gerçeğin farkında olarak Kıbrıs konusunda AB dayatmalarına karşı daha net tepkiler göstermeye başladığı için ulusalcı cephe gücünü arttırmış bulunuyor.

Kıbrıs uyuşmazlığı,

- Türkiye'nin Batı ile ve AB ile sorunlarının bir parçasıdır.

- Sorunun temelinde Avrupa'nın ve ABD'nin Türkiye'yi "algılama politikası" yatmaktadır. "Yeni algılama", soğuk savaş sonrası daha açık olarak ortaya çıktı.

AB açısından Türkiye, "ancak tek yanlı bağlanma ve AB'nin içine alınmama koşulu ile" AB ile bütünleşebilecektir. Bu politikada AB, Türkiye'nin Kıbrıs ve Ege'yi bırakılmasını öngörüyor. Bu öngörü, Soğuk Savaş sonrasının, AB açısından belki normal bir sonucu olarak görülebilir.

Ancak Türkiye de Avrupa'nın (ve Batı'nın) bu tek yanlı dayatmaları karşısında, "bölgede ve Asya platformu içinde yeni dengeler" bulmak ve geliştirmek zorundadır. Aksi halde Sevr'e doğru Batı tarafından yavaş yavaş sürüklenebilecektir.

İşte bu nedenle 2000'den başlayarak Türkiye'deki ulusalcı cephe taraftarlarının yavaş yavaş yeni dengelere doğru hareketlendiğini görüyoruz.

2002 yılının ortalarında, bu hareketlenmenin odak noktasında ilginç bir biçimde ise Kıbrıs bulunmaktadır.

On İkinci Bölüm

YUNANİSTAN'IN YENİ TÜRKİYE POLİTİKASI VE AB İLE İLİŞKİLER

Atina 1999 yılının ortalarına kadar Türkiye'ye karşı "açık kriz politikası" izlemiştir. Açık kriz politikasında Atina "Türkiye'ye karşı düşmanlığını gizlemeden" ortaya koymuştur. Yunanistan'ın Türkiye politikası, ilan edilmemiş bir savaş niteliğindedir.

- AB forumlarında,

- Avrupa Konseyi forumlarında,

- Türkiye'nin inisiyatifini alarak kurdurduğu KEİB toplantılarında katıksız ve istisnasız olarak "Türkiye karşıtlığını" açıkça belirtmiştir.

Bunun yanında PKK ve Ermeni terör örgütleri ile Türkiye'ye karşı "ortak girişimler" yapmıştır. Silah, eğitim, para yardımı, barınma başlıcalarıdır. Türkiye'nin sorunu bulunan çevre ülkeleri ile yıllar boyu açıktan açığa ikili, üçlü ittifaklar oluşturmuştur. Ermenistan ve Suriye bunların başında gelmektedir.

Ancak Yunanistan, Türkiye'ye karşı, açıktan açığa kriz politikası izleyerek Ege ve Kıbrıs konularında sonuç alamamıştır. 1992-1999 döneminde, AB'nin Atina'nın arkasında olmasına rağmen Türkiye'den herhangi bir fiili sonuç (ödün) elde edememiştir.

Hatta, Atina'nın açıktan kriz politikası Atina'yı Batı içinde de zor durumda bıraktı. Atina "uzlaşmazlığını gizleme ve maskeleme" ihtiyacı duydu. 1999'un ilkbaharı ve yaz ortasında ilginç gelişmeler oldu ve Atina, açıktan açığa kriz politikası yerine, "psikolojik savaş ve yumuşatma politikası ile" sonuç alma yoluna gitti.

Yunanistan bu konuda yalnız değildi: AB çevreleri ile Türkiye içinde bazı büyük sermaye çevreleri Atina'ya yardımcı oldular.

1997'de Lüksemburg doruğu sonrasında Ankara, AB'nin hem Türkiye'yi dışlamasına hem de Kıbrıs ve Ege konularında dayatmalarda bulunmasına sert karşılık vermişti; Türkiye, AB ile siyasi konuları artık konuşmayacaktı. Bu tıkanıklığın aşılması gerekiyordu: Brüksel'in ve Atina'nın inisiyatif alamamaları sıkıntı yaratmıştı. AB'nin ve Atina'nın Türkiye üzerinde inisiyatif alabilmeleri ve ilerleme sağlayabilmeleri için AB adaylığı kapısının aralanması ve umut ışığının gösterilmesi gerekiyordu.

Nisan 1999'da bazı işadamları Başbakan Schroder ile görüşerek Türkiye'nin aday yapılmasının uygun olacağını, böylelikle Brüksel'in Ankara üzerinde yeniden inisiyatif alma olanaklarının yaratılacağını söylediler. Sayın Schroder'den Sayın Ecevit'e Mayıs 1999'daki sıcak mektup bu koşullar altında hazırlanmıştı. Zaten Ankara'da da böyle bir mektubun gelmesi sürpriz olarak karşılanmıştı.

Schroder'in 26 Mayıs 1999'daki mektubu ile birlikte Türk kamuoyunda, 1999 yılı sonunda adaylığın olacağı haberleri ile AB ve Atina yeniden inisiyatif sağlıyorlardı.

Öcalan'ın yakalanışı sırasında Atina'nın PKK'ya her türlü desteği açık olarak ortaya çıktı: üzerinde G.Kıbrıs Rum Yönetimi'nin verdiği pasaport vardı. PKK-Atina, PKK-Rum ilişkileri belgelenmişti. Ankara'nın eline Atina'yı uluslararası platformlarda sıkıştırıp "terörist devlet" gibi gösterme olanağı geçmişti.

Ancak Dışişleri Bakanı İsmail Cem bu tercihi kullanmadı. Hatta Atina'ya, "bir dostluk mektubu" gönderdi (Haziran 1999). Schroder' in Ankara'ya mektubunu yazdıran çevreler, Dışişleri Bakanının Yunan Dışişleri Bakanına dostluk öneren mektubunu yazmasını da sağlıyorlardı.

Yunanistan'ın eline önemli bir fırsat geçmişti;

a) hem Öcalan ve PKK meselesinde, dünya kamuoyu önünde, Türkiye karşısında zor duruma düşmekten kurtuluyordu,

b) hem de "açık kriz politikası" yerine, Türkiye 'ye karşı artık "dostluk maskesi altında örtülü kriz politikası" izleme olanağına kavuşuyordu.

Aralık 1999'da Türkiye AB'ye, "koşullu aday" olarak giriyordu. Ege ve Kıbrıs koşulları Helsinki belgesinde yer almıştı.

Helsinki doruğu'ndan Atina'ya dönen Simitis çok mutlu idi; Atina'daki basın toplantısında açık bir biçimde; "Türkiye artık Ege ve Kıbrıs konularında köşeye sıkıştı, AB'ye taahhütte bulundu: gereğini yapması gerekir" diyerek Yunanistan'ın manevrasını ortaya koyuyordu.

Aralık 1999'daki çizgisini hiç değiştirmeden sürdüren Başbakan Simitis 23 Mayıs 2002'de Atina'da yaptığı açıklamada, "Ankara artık taahhütlerini yerine getirmelidir" diyordu. Yapay dostluk gösterilerinin sonuçlarını almak istiyordu.

Psikolojik Savaş ve Yapay Dostluk; Kıbrıs ve Ege Ödünlerinin Altyapısının Hazırlanması

Bu görevi bazı işadamları ve onlara bağlı medya üstlenmişlerdi. Ağustos 1999 deprem felaketi bile Yunanistan için başlatılan psikolojik savaşa alet edildi.

- TSK'nın 53.000 askeri ile büyük çabaları gözardı edilirken,

- Yunanistan'ın sembolik yardımları kamuoyuna, "Yunan dostluğu" olarak anlatıldı.

Bazı işadamları ve bazı medya kuruluşları Yunanistan'ın başlattığı psikolojik savaşa alet olmuşlardı.

İşadamları gazete ve televizyonlarda yapay bir biçimde Türk - Yunan dostluğu yaratıyorlardı.

Türkiye'den Yunanistan'a gidenler tepki görüyorlardı; bu tepkiler Türk basınında otosansürle kesiliyordu. Dışişleri Bakanlığımızın 6 aylık araştırma sonuçları, "bu yapay dostluk pazarlamasını"da ilginç bir biçimde gözler önüne seriyordu. Yunan basınında Türkiye aleyhine yazılar yayınlanırken Türk medyasında bazı patronlar gerçekleri halktan gizlemek için otosansür uygulatıyorlardı.

Gerçekte "Türkiye karşıtı" Yunan Politikası Hiç Değişmemişti.

- Yunan Parlamentosu'nun Haziran 1999'dan sonra çıkardığı kararları,

- Yunan Hükümeti'nin aldığı kararları,

- Başbakanlarının, Dışişleri ve Savunma Bakanlarının Türk Yunan ilişkileri ile ilgili olarak Yunan basınına yaptığı açıklamaları,

- Atina'nın AB'de Türkiye ile ilgili pozisyonunu alt alta sıralayıp incelediğimiz zaman,

Haziran 1999'dan itibaren, "Atina'nın Türkiye karşıtı politikasında" hiçbir şeyin değişmediği görülür.

Türk Kamuoyu Neden Aldatılıyor?

Türk kamuoyunun bazı işadamları ve onlara yakın medya kanalı ile, "olmayan Yunan dostluğunu varmış gibi göstermelerinin" ne gerekçesi olabilir diye düşünüldüğü zaman şu acı sonuç çıkıyor;

Kıbrıs, Ege, Fener Patrikhanesi, Ruhban Okulu gibi konularda Türk kamuoyunun direncini kırarak "ödün verilmesinin önünü açmak istemektedirler".

Soğuk Savaş sonrasında Türkiye'nin Avrupa Birliği'ne, "tam üye alınmasa da tek yanlı bağlanmasını isteyen" iş ve siyaset çevreleri vardır. 1989'da Türkiye'nin tam üyelik başvurusu AB tarafından reddedildikten sonra Başbakan Özal, "tam üye olmasak da Gümrük Birliği'ne gireceğiz" demişti. Düğmeye o gün basılmıştı. Bazı işadamları da bu açıklamanın yapılmasında etkili olmuşlardı. 1995'te Türkiye'nin tek yanlı bağlanması, 1999'da koşullu adaylık, Katılım Ortaklığı Belgesi'ne de koşulların konması bunun sonucu idi.

Bazı iş çevrelerinin ve bazı siyasilerin son günlerde Kıbrıs konusundaki "telaşlı ve tavizci" tutumları bunun sonucudur. 2002 sonunda AB'nin Güney Kıbrıs Rum Yönetimi'ni (Kıbrıs Cumhuriyeti) alması gerçekleşirse Türkiye - AB ilişkileri, AB'nin bu dayatması sonucu sarsılacaktır. Bu sarsıntı, tek yanlı bağlanma sürecini de aksatabilecektir.

Bazı iş çevreleri ve bazı siyasilerin Kıbrıs konusundaki tavizci çıkışları bu korku yüzündendir.

Yunanistan 1999 yılı ortasından itibaren başlattığı psikolojik savaşta önemli ilerlemeler sağlamış bulunuyor. Ancak Aralık 2002 Kıbrıs konusunda, Atina'nın ve AB'nin gerçek niyetlerinin ortaya çıkma olasılığı yüzünden,

- Hem Türkiye'de bazı çevrelerde,

- Hem de Brüksel'de tedirginlik yaratmaktadır.

AB temsilcisi Karen Fogg'un Nisan 2002'de Kıbrıs konusunda inanılması çok zor çıkışlarda bulunması bu tedirginlik yüzündendir.

Öte yandan, bazı işadamlarının Atina ile birlikte 1999 yılından beri Türkiye üzerinden sürdürmekte oldukları operasyon, yeni gelişmelerde başarısızlığa dönüşebilecektir.

Karen Fogg yanında bazı işadamları ve onlara bağlı medyanın son aylarda Kıbrıs konusundaki telası bu sebebe bağlanabilir.

Ancak halen, Yunanistan'ın samimi olmayan "Yunan dostluğu" konusundaki psikolojik savası devam etmektedir. İşin ilginç tarafı Atina bir taraftan medya kanalı ile dostluğu öne çıkarırken diğer taraftan, Türkiye üzerine yeni ve saldırgan taleplerle gelebilmektedir.

Türkiye, AB perspektifi içinde, Kıbrıs ve Ege konularında kıskaca alınmıştır. Türkiye'nin Kıbrıs ve Ege meselesini "tersine çevirmesi" gerekir.

Şöyle ki,

- Kıbrıs ve Ege, Türkiye - AB ilişkilerini engelleyen bir unsur olmamalıdır.

- AB madem ki yarın Türkiye'yi alacaktır, o taktirde Ege ve Kıbrıs konularını "askıya alması gerekir" biçiminde olmalıdır.

- Çünkü, Türkiye tam üye olduğu zaman Ege ve Kıbrıs sorunları da Avrupa Birleşik Devletleri içinde sorun olmayacaktır.

- AB eğer önce Kıbrıs ve Ege diyorsa, "bu tutum AB'nin ileride de Türkiye'yi almayacağını" gösterir.

- Diğer taraftan Güney Kıbrıs Rum Yönetimi (Kıbrıs Cumhuriyeti) KKTC ve Türkiye ile sorunlar yumağı içindedir; Kuzey'e ambargo uygulamaktadır; bu koşullar içinde komşuları ile sorunları var ise neden hızlı bir biçimde AB'ye alınmak isteniyor? Güney'e "önce sorunları çöz" denmiyor.

- Buna karşılık neden Türkiye'ye, önce komşuların ile Ege ve Kıbrıs sorununu çöz diye dayatılıyor. AB temsilcileri açık bir biçimde "kararlarını hukukiliğinin tartışılmaması gerektiğini", çünkü kararlarının siyasi olduğunu açıkça ifade ediyor. Bu AB'nin çifte standardı değil mi?

ÖNERİLEN KAYNAKLAR

Erol Manisalı, Prof.Dr.

- Gümrük Birliğinin Siyasal ve Ekonomik Bedeli (Bağlam Yayınları, 1995)
- Avrupa Çıkmazı (Otopsi Yayınları, 2001)
- Türkiye ve Küreselleşme (Derin Yayınları, 2002)
- Cyprus (Der Yayınları, 2001)
- Kıbrıs'ın Dünü, Bugünü ve Yarını (Gündoğan Yayınları, 2002)

Cihan Dura Prof.Dr., Hayriye Atik Yrd.Doç.Dr.

- Avrupa Birliği, Gümrük Birliği ve Türkiye (Nobel Yayınları, 2000)

Rıdvan Karluk, Prof.Dr.

- Avrupa Toplulukları ve Türkiye (Bilim Teknik Yayınları, 1990)

Oktay Sinanoğlu, Prof.Dr.

- Hedef Türkiye (Otopsi Yayınları, 2002)

Sir Leon Brittan

- The Changing Face of Europe (Little, Brown and Company, 2002, London)

Metin Aydoğan

- Avrupa Birliği'nin Neresindeyiz (Kum Saati Yayınları, 2002)

İlhan Tekeli - Selim İlkin, Prof.Dr.

- Türkiye ve Avrupa Birliği (Ümit Yayınları, 2000)

Alpaslan Işıklı, Prof.Dr.

- Kumarhane Kapitalizmi (Otopsi Yayınları, 2002)

Sadi Somuncuoğlu

- Avrupa Birliği (Ötüken Yayınları, 2002)

Suat İlhan

- Avrupa Birliğine Neden Hayır (2001)

T.C. Merkez Bankası Yayını

- Avrupa ile Geçmişte ve Gelecekte Bütünleşme (TCMB, 2000)

Gündoğan Yayıncılık

- Karen Fogg Dosyası (Gündoğan Yayıncılık, 2002)

Doğu Perinçek

- Karen Fogg'un Postalları (Kaynak Yayınları, 2002)

Türkiye Tekstil Sanayii İşverenleri Sendikası

- Tekstilde Dış Rekabet (Teksis, 2001)

Türk-İş

- Avrupa Birliği Türkiye'den Ne İstiyor? (Türk-İş, 2002)